Dieter Perlowski

Die besten Sketche

Witze und Gags zum Nachspielen

Zum Themenbereich „Texten und schreiben" sind im FALKEN Verlag zahlreiche Titel erschienen. Hier eine Auswahl:

Inge Wolff: Gratulation! Glückwünsche per Brief, Karte, Fax und E-Mail (2588)
Thomas Wieke: Kreativ schreiben: Gedichte (2700)
Olaf Fuhrmann: Glückwunsch! Texte und Ideen für alle privaten Anlässe (2758)
René Zey/Antje Bellingen: Einladungen für Partys und Feste (5506)
Thomas Wieke (Hrsg.): Glückwünsche und Grüße für jeden Anlass (5528)
Lennart und René Zey: SMS Love Messages (60719)

Sie finden uns im Internet: **www.falken.de**

Dieses Buch wurde auf chlorfrei gebleichtem und säurefreiem Papier gedruckt.

Der Text dieses Buches entspricht den Regeln der neuen deutschen Rechtschreibung.

ISBN 3 8068 5550 1

© 2002 by FALKEN Verlag in der Verlagsgruppe FALKEN/Mosaik,
einem Unternehmen der Verlagsgruppe Random House GmbH, 81673 München

Umschlaggestaltung: WSP-Design, Heidelberg
Zeichnungen: FALKEN Archiv/Fay Grambart
Redaktion: Thomas Wieke, Wiesbaden
Koordination: Winfried Schindler
Herstellung: Elke Cramer

Satz: AntiquaNova/wieketext, Wiesbaden
Druck: GGP Media, Pößneck

817 2635 4453 6271

Inhalt

Vorwort

Der vorliegende Band stellt eine Auswahl der besten Texte Dieter Perlowskis aus 17 Jahren vor. Können Sketche, die fünf, zehn oder sogar 17 Jahre alt sind, immer noch aktuell sein? Sie können es, weil sich die Welt- und Zeitläufte in den vergangenen fast zwei Jahrzehnten nicht so stark verändert haben, wie sich das manche Zeitgenossen vielleicht gewünscht hatten. Sie können es, weil sie nicht vordergründig auf tagespolitische Aktualität spekulieren, sondern Wesenszüge unseres Verhaltens und unserer Gesellschaft auf die Schippe nehmen. Sie können es, weil sie niemals nur aktuell waren, sondern vor allem originell sind.

Dieter Perlowski zeigt seine Figuren in alltäglichen Situationen, aber er führt diese Situationen in ihrer absurden Konsequenz vor: Tausende Familien unterhalten sich über Geldfragen und über das Familienbudget; Perlowskis Kabarett-Familie aber führt eine Haushaltsdebatte nach Art des Bundestages. Tausende Menschen schließen Versicherungsverträge ab; Perlowskis Figuren fragen nach einer Wahlergebnisversicherung und wollen dem Papst eine Versicherung gegen Irrglauben schenken. Prominentenreporterinnen interviewen Gott und die Welt; Perlowskis Reporterin aber interviewt Göttervater Zeus persönlich.

Alle Sketche wurden bereits mit großem Erfolg aufgeführt. Die Darsteller waren allesamt Laien. Die Sketche erfordern stets sehr sparsame, meist nur angedeutete Dekorationen. Oft ist nicht einmal eine Bühne oder ein Podium erforderlich; ein Tisch und zwei bis drei Stühle reichen aus. Regieanweisungen geben Hinweise, wie man die Sketche behutsam modernisieren und den veränderten Zeiten anpassen kann. Autor und Verlag wünschen Ihnen dabei viel Erfolg.

Thomas Wieke

Brauchen Sie noch was?

Solo für einen Ratgebenden

◆ *Spielanweisung:*
Der Vortragende kann sich, falls es ihm schwer fällt, sich den gesamten Text zu merken, mit „Werbematerial" ausstatten. In diesem „Werbematerial" kann abschnittsweise Text versteckt werden. Mitunter lassen sich auch Cartoons zum Thema kopieren und tatsächlich ans Publikum verteilen. Diese Aktion während des Solos eröffnet zusätzliche Spiel- und Improvisationsmöglichkeiten (zum Beispiel durch fingierte Bestellformulare oder Ähnliches).

Vortragender: War jemand von Ihnen vor nicht allzu langer Zeit beim Zahnarzt? Ich meine so im Laufe des letzten Jahres. Ja? Wusste Ihr Zahnarzt, dass Sie zu uns kommen würden? Wurde eine Füllung ersetzt, die Sie eigentlich für in Ordnung hielten? Zahnimplantat? Brücke? Transportable Kauleiste? Dann halten Sie bitte den Mund geschlossen, wenn Sie uns zuhören, Sie könnten Wanzenträger sein. Am besten, Sie kauen Kaugummi, dann reißt sich der lauschende Beamte bald den Kopfhörer von den Ohren. Oder schnalzen Sie ruhig mal mit der Zunge, das macht unsere Worte vollends unverständlich. Verzeihen Sie bitte diese kleine Unannehmlichkeit. Aber das ist nun mal so: Wenn man etwas erfahren will, dann macht man eine Anhörung, zum Beispiel in Untersuchungsausschüssen, Bundestag oder Landtag oder so, da werden dann Leute eingeladen, die was zu sagen haben. Die sagen das dann auch, und dabei werden sie angehört. Das nennt man eine Anhörung. Die sind da freiwillig, meistens, zumindest wissen sie, dass sie angehört werden.

Wenn nun derjenige, der angehört werden soll, nicht wissen soll, dass er angehört werden soll, kann man ihn nicht zur Anhörung einladen, und deshalb hat die Regierung die Abhörung erfunden.

Sie werden also verstehen, dass wir ein bisschen aufpassen müssen. Sie wissen ja, der Lauschangriff, nicht wahr, und man will ja nicht in Verruf geraten.

Richtig verboten ist es ja nicht, was wir tun, aber, na ja, ich meine, wir haben zwar den freien Handel, aber das, was wir anzubieten haben, wird aus ganz bestimmten Gründen nicht in Europa produziert.

Wenn Sie Interesse haben, dann füllen Sie ruhig den Bestellschein aus, den wir Ihnen auf der Rückseite unseres Programms ausgedruckt haben. Wir liefern sehr diskret, also nicht mit der Post oder so, nein, unsere Ware kommt persönlich. Wenn Sie also etwas haben möchten, wir nehmen Ihre Bestellung in der Pause gern entgegen.

Vielleicht sollte ich unser Angebot aber doch kurz erläutern. Sie können natürlich bestellen, wen immer Sie wollen. Tragen Sie nur den Namen in das vorgesehene Feld ein. Und denken Sie bitte daran, dass wir nur auf Bestellung produzieren. Also, ich will mal so sagen, wenn Sie die 50 überschritten haben, sollten Sie sich nicht mehr Claudia Schiffer bestellen.

Andererseits aber, wenn Ihre Tochter Ihnen einen Enkel schenkt, dann könnten Sie ihm natürlich zum 18. Geburtstag durchaus … Ist klar, nicht? Müssten Sie aber schon jetzt bestellen, sonst hat er nichts von dem Geschenk. Ist auch klar.

Nein, das dauert eben alles seine Zeit, allein die Produktion neun Monate und dann, was wollen Sie mit einem Säugling? Wir lagern die Ware selbstverständlich, bis sie gebrauchsfertig ist.

Wenn Sie mehrere Enkel haben, können Sie bei „Anzahl" natürlich die benötigte Anzahl von Claudias eintragen. Ab fünf Kopien gibt es eine gratis.

Übrigens: Politiker sind sehr gefragt. Wir haben zuerst auch nicht verstanden, warum, aber es scheint hier eine Art Ersatzbefriedigung zu sein. Gerhard Schröder wird meist im Alter von acht bis neun Jahren abgerufen. Wer träumt nicht davon, ihn mal übers Knie zu legen – wenn er zum Beispiel schon zu früh anfängt, kleinen Mädchen nachzulaufen.

Hans Eichel ist eine Herausforderung. Die Mathe-Lehrer meiner ehemaligen Schule haben sich alle einen bestellt, und wem es gelingt, ihm Finanzmathematik beizubringen, der hat gewonnen.

Ich habe Ihnen das nur eben mal erzählt, damit Sie sich nicht wundern, wenn wir heute Abend während der Veranstaltung hin und wieder unseren Geschäften nachgehen müssen.

Vielleicht braucht jemand von Ihnen ja doch einen Klon, zum Beispiel Otto Schily? Vielleicht wäre es dann ganz interessant, wenn Sie auswandern würden. Sie könnten dann versuchen, den kleinen Otto im Rahmen der Familienzusammenführung nachkommen zu lassen.

Es bleibt in der Familie

Für drei Personen

◆ *Es spielen mit:*
Händlerin
Er (Kunde)
Sie (Kundin)

◆ *Spielanweisung:*
Verkaufsgespräch, er und sie betreten einen Geschäftsraum.

Händlerin: Kann ich Ihnen helfen, oder wollen Sie sich erst einmal umschauen?

Er: Nein, nein, wir haben schon ganz klare Vorstellungen

Sie: Ja, mein Mann möchte einen Klon von mir.

Er: Ja, meine Frau wird ja doch mal älter.

Sie: Und bevor er sich eine jüngere sucht ...

Er: Ich liebe nämlich meine Frau.

Händlerin: Schön.

Er: So, wie sie jetzt ist.

Händlerin: Tja, gute Frau, mir kann es ja egal sein, was machen Sie aber, wenn Ihr Klon dann in ein, sagen wir mal, erotikfähiges Alter kommt?

Sie:	Wieso? Kann man keine Männer klonen?
Händlerin:	Doch, natürlich.
Er:	Dann ist ja alles klar.
Sie:	Bleibt die Frage, ob Sie Familienrabatt geben.
Händlerin:	Ja, ab drei Klone.
Sie:	Das sind ja französische Verhältnisse.
Händlerin:	Nein, gar nicht, es muss dreimal derselbe Klon sein.
Er:	Das würde aber so manchen Mann überfordern.
Händlerin:	Sie müssen die Klone doch nicht gleichzeitig abnehmen.
Sie:	Ach so, wenn die Potenz des ersten …
Händlerin:	*(unterbricht)* Was Sie mit den Klonen tun, wollen wir gar nicht wissen.
Er:	Das war jetzt auch wirklich kein guter Beitrag.
Sie:	Also gut, wenn wir jetzt bestellen würden, wie geht das dann weiter?
Händlerin:	Dann wird die Erbinformation aus einer Körperzelle in eine entkernte Eizelle eingepflanzt, und die muss dann ausgetragen werden. Kopien davon frieren wir für spätere Lieferungen selbstverständlich ein.

Sie:	Und woher nehmen Sie die Körperzelle?
Händlerin:	Üblicherweise aus dem Euter.
Sie:	*(entsetzt)* Woher?
Händlerin:	Oh, entschuldigen Sie, das Verfahren geht auf eine gewisse Dolly zurück.
Er:	*(sie belehrend)* Das ist ein Schaf.
Sie:	*(zu ihm)* Willst du unter diesen Umständen wirklich einen Klon von mir?
Er:	Aber ja, mein Schäfchen.
Sie:	Jetzt würde ich aber gern noch wissen, woher Sie die Zelle von meinem Mann nehmen.
Händlerin:	*(anzüglich lächelnd, wobei sie ihn mit hinauszieht)* Ein kleines Betriebsgeheimnis müssen Sie uns schon lassen.

Ich suche Arbeit

Für zwei Personen

◆ *Es spielen mit:*
Arbeitsvermittler (Dieter)
Arbeitssuchende (Dagmar)

◆ *Spielanweisung:*
Ein Büro. Unaufgeräumter Schreibtisch. Computer, Telefon. Ein Plakat, das für Weiterbildung wirbt. Dieter sitzt am Schreibtisch, blättert in Akten, es klopft.

Dieter: Ja, bitte?

Dagmar: *(tritt ein, setzt sich)* Ich suche Arbeit.

Dieter: So, so, Arbeit suchen Sie. *(schüttet eine Schachtel Streichhölzer aus)* Dann heben Sie die mal auf.

Dagmar: Ja, wie komme ich denn dazu?

Dieter: *(wendet sich dem Computer zu)* Also legen wir erst mal ein Persönlichkeitsprofil an. *(tippt)* Allgemeiner Eindruck: Arbeitswillig – schwer einschätzbar – arbeitsunwillig ... *(schaut auf die Streichhölzer)* arbeitsunwillig!

Dagmar: Ich hatte eigentlich mehr an bezahlte Arbeit gedacht.

Dieter: Ja, das sagen alle. Wenn Sie gleich mit Forderungen kommen, wie soll ich Sie dann vermitteln?

Dagmar: Ist denn heutzutage Bezahlung nicht mehr üblich?

Dieter: Nun ja, in Sonderfällen, aber normalerweise vermitteln wir Arbeitslose im Rahmen von Arbeitsbeschaffungs-maßnahmen.

Dagmar: Da hätte ich doch lieber richtige Arbeit mit richtiger Steuerkarte und richtigem Lohn.

Dieter: Was? Steuerkarte? *(tippt etwas in den Computer)* Schwer vermittelbar!

Dagmar: Ja wie, meine Gewerkschaft hat mir geschrieben, dass …

Dieter: Ich hör immer Gewerkschaft! Dann wollen Sie wohl gar tariflichen Lohn? Das haben wir gern, erst die Arbeits-plätze wegstreiken und dann jammern, wenn man keine Arbeit hat. Welchen Beruf haben Sie zuletzt ausgeübt?

Dagmar: Ich war in der Datenverarbeitung tätig.

Dieter: Computer? Mein Gott, Abgründe tun sich auf! Die noch nicht weggestreikten Arbeitsplätze rationalisieren Sie auch noch weg.

Dagmar: Ja, aber durch die Elektronik werden doch auch neue Arbeitsplätze geschaffen.

Dieter: Und warum sind Sie dann arbeitslos?

Dagmar: Wahrscheinlich, weil ich mit der Elektronik Arbeits-plätze geschaffen habe, für die ich nicht ausgebildet bin.

Dieter: Und außerdem sind Sie weiblich!

Dagmar: Wie bitte?

Dieter: Weiblich, wussten Sie das nicht *(den Eindruck erwecken, dass hier der Satz zu Ende ist, z. B. durch Husten)*, dass Sie als Frau so gut wie keine Chance mehr haben?

Dagmar: Nö, wieso? Ich dachte, die Gleichberechtigung macht Fortschritte?

Dieter: Eben, die Gleichberechtigung ist so weit fortgeschritten, dass sich keine Firma mehr Frauen leisten kann. Jedem steht gleichermaßen gegebenenfalls Mutterschaftsurlaub zu. Nur wird ein Mann selten Mutter!

Dagmar: Und wenn ich versichere, dass ich keine Kinder bekommen will oder vielleicht auch gar nicht kann?

Dieter: Selbst wenn Sie behaupten würden, dass Sie sich sterilisieren lassen haben, sind Sie nicht zu vermitteln, weil Sie im Zusammenhang mit Schwangerschaften laut einschlägiger Urteile der Rechtsprechung lügen dürfen.

Dagmar: Darf ich mal bei Ihnen telefonieren?

Dieter: Ja.

Dagmar: *(wählt)* Ja? Universitätsklinik? Ja, ich hätte gern einen Termin für eine Geschlechtsumwandlung.

13

Der Vortrag

Solo für ein Vereinsmitglied

◆ *Spielanweisung:*
Ein Rednerpult. Da dieser Vortrag eine klassische Redesituation parodiert, kann sich der oder die Vortragende durchaus den Text des Vortrags mit zum Rednerpult nehmen, falls das die Textsicherheit erhöht. Die wiederholten Türgeräusche können entweder vom Band eingespielt oder von einem Mitwirkenden live erzeugt werden.

Vortragender: Guten Abend meine Damen und Herren. Ich freue mich, dass Sie so zahlreich erschienen sind. Das zeigt mir, wie wichtig Sie unseren Verein und unser Jubiläum nehmen. Ganz besonders möchte ich Herrn Dr. Müller-Langenhagen begrüßen. Sie alle kennen Herrn Dr. Müller-Langenhagen, ich brauche ihn also nicht vorzustellen. Des Weiteren begrüße ich Herrn Pfarrer Müller-Breitschwert nebst Gemahlin von der St. Petri-Pfarrei. Evangelisch, soviel ich weiß, Herr Pfarrer? Ach ja, richtig, selbstverständlich evangelisch, das erkennt man ja an der Frau Gemahlin, herzlich willkommen. Ein herzliches Willkommen auch Herrn Bürgermeister Müller-Rothmann, der nicht nur die Geschicke unserer Gemeinde lenkt, sondern in dankenswerter Weise auch die Schirmherrschaft über diese Veranstaltung übernommen hat. Als weiterer Ehrengast weilt Herr Generalleutnant Müller-Christworth in unserer Mitte, auch ihm ein herzl ... Ach, ich höre gerade, dass Generalleutnant Müller-Christworth noch nicht eingetroffen ist, er steht im Stau. Er wird sicher noch kommen.

Meine Damen und Herren, liebe Anwesende, es ist mir Pflicht, aber auch Vergnügen, Ihnen am heutigen Tag unseres Jubiläums einen Abriss ...

(Türgeräusch)

Soeben ist Frau Professor Müller-Hochthaler, die geschätzte Leiterin unseres gemeindlichen Kindergartens eingetroffen. Begrüßen Sie mit mir aufs Herzlichste Frau Professor Müller-Hochthaler. Guten Abend, Frau Professor Müller-Hochthaler.

Wie ich soeben bemerken wollte, möchte ich Ihnen einen Abriss unserer Vereinsgeschichte, die uns zwar allen bestens bekannt ist, geben, nichtsdestoweniger will ich sie hier wiederholen. Bei einem Jubiläum besteht Redebedarf, und deshalb stehe ich heute Abend ...

(Türgeräusch)

Und wieder habe ich das Vergnügen, einen weiteren Ehrengast willkommen zu heißen. Ihre Anwesenheit, verehrte Frau Studiendirektorin Müller-Nordhusen, unterstreicht den gesellschaftlichen Stellenwert unseres Vereins und seines Jubiläums.

Meier-Nordhusen? Entschuldigen Sie, selbstverständlich Meier-Nordhusen. Äh, wie ich annehme, stammen Sie also nicht vom legendären Gründer des Dachverbandes unseres Vereins, dem Markgrafen Müller-Wiepenkaten ab? Nun gut, dann ist Ihre Familie eben im Laufe der Jahrhunderte dazu gekommen. Trotzdem, ein herzliches Willkommen bei dieser Veranstaltung. Wie ich sehe, haben Sie Ihre beiden Söhne und, und das freut mich ganz besonders, auch Ihr reizendes Fräulein Tochter mitgebracht. Dadurch, meine Damen und Herren, wird dieser Raum nicht nur durch Geist, sondern auch durch Schönheit und Liebreiz angereichert.

Ja, meine Damen und Herren, sicher hätte Frau Studiendirektorin Meier-Nordhusen auch Ihren Herrn Gemahl mitgebracht, wenn sie denn einen hätte. Wie wir alle wissen, hat sie sich aber seinerzeit dafür entschieden, voll und ganz für ihren Beruf zur Verfügung zu stehen, für den Beruf, nein, die Berufung, muss ich sagen, die Berufung zur Bildung und Erziehung von jungen Menschen.

(Türgeräusch)

Und nun ist auch der Vorsteher unserer katholischen Pfarrgemeinde in unserer Mitte, grüß Gott, Herr Pfarrer Müller-Steingeist. Sie erscheinen gerade genau richtig in dem Moment, wo ich den Gatten unserer verehrten Studiendirektorin Meier-Nordhusen hätte begrüßen müssen, wenn es ihn gäbe. Nun, Herr Pfarrer, Sie wissen ja selbst, dass es ihn beinahe gegeben hätte, gell? Ja, denn Sie selbst waren es schließlich, der aus Verzweiflung über den Entschluss Frau Meier-Nordhusens, ledig zu bleiben, Theologie studiert hat.

Lieber Herr Pfarrer Müller-Steingeist, Ihr Entschluss war völlig richtig, denn dadurch sind Sie bei dieser Veranstaltung Ehrengast aus eigener Kraft und nicht aufgrund einer zufälligen Eheschließung. Herzlich willkommen.

Wie ich bereits sagte, möchte ich heute, am Tage unseres Jubiläums, noch einmal die Vereinsgeschichte lebendig werden lassen. Im Laufe meines bisherigen Vortrags …

(Türgeräusch)

Aha, er hat es tatsächlich noch rechtzeitig geschafft. Herr Generalleutnant Müller-Christworth hat den Stau heldenhaft überwunden. Herr Generalleutnant Müller-Christworth, ich freue mich ganz besonders über Ihr Erscheinen, das mir das Interesse der Bundeswehr an unseren Aufgaben und Zielen zeigt. Gerade in der soldatischen Tradition, die Sie als Kommandeur zu pflegen haben, ist das Vereinsleben von unschätzbarer Bedeutung. Aber nicht nur unter Soldaten, nein, auch unter Politikern und anderen gesellschaftlichen Gruppen, wie zum Beispiel Pfarrgemeinderäten ist es üblich, dass …

(Türgeräusch)

Das war ja fast wie auf Kommando, lieber Herr Müller-Trautwein, gerade sprach ich Pfarrgemeinderäte an, als Sie, der Sie ja den katholischen Pfarrgemeinderat führen, genau im richtigen Augenblick erschienen. Herzlich willkommen.

Meine Damen und Herren, Herr Müller-Trautwein hat ein kleines Problem: Der Pfarrer Müller-Steingeist wird in wenigen Jahren in den Ruhestand treten. Da wir natürlich gerne wieder einen Pfarrer aus unserer Mitte hätten, sucht er einen Freiwilligen, der Theologie studiert. Wenn Sie da bitte einmal darüber nachdenken wollten.

Oh, da fällt mir etwas ein. Frau Studiendirektorin Meier-Nordhusen, in diesem Zusammenhang ist es fast ein Wunder zu nennender Zufall, dass Sie Ihr Fräulein Tochter mitgebracht haben.

Fräulein Meier-Nordhusen, erlauben Sie, dass ich an dieser Stelle eine kleine Bitte im Namen unseres Vereins und der ganzen Gemeinde äußere? Danke sehr. Ich bitte Sie ganz herzlich, in Zusammenarbeit mit Herrn Müller-Trautwein einen Kandidaten für das Priesteramt auszuwählen, sich ein kleines bisschen in ihn zu verlieben um ihn dann, Ihre Frau Mutter als Beispiel nehmend, abzuweisen. Sie würden uns damit einen großen Dienst erweisen.

Fräulein Meier-Nordhusen, ich muss an Ihre Solidarität mit unserer Gemeinde apellieren, immerhin haben Sie als junge Bürgerin nicht nur Rechte, sondern natürlich auch moralische Verpflichtungen.

Na sehen Sie, Sie brauchen dabei ja auch nicht gleich schwanger zu werden wie Ihre Frau Mutter.

So, damit, so glaube ich, habe ich alle Ehrengäste des heutigen Abends gebührend begrüßt und kann mich also erneut meinem Thema zuwenden. Nun, da meine Redezeit fast abgelaufen ist, möchte ich zum Schluss kommen. Ich wünsche Ihnen einige frohe Stunden bei unserem Jubiläum, vielleicht auch interessante Diskussionen, zum Beispiel über die Themen: Ist Fräulein Meier-Nordhusen, die Tochter von Frau Studiendirektorin Meier-Nordhusen, wirklich die Tochter von Pfarrer Müller-Steingeist? Oder: Was mache ich, wenn ich ins Fettnäpfchen getreten bin?

Die Probefahrt

Für zwei Personen

◆ *Es spielen mit:*
Fahrer
Beifahrer

◆ *Spielanweisung:*
Fahrer und Beifahrer simulieren auf zwei Stühlen eine Probefahrt. Natürlich kann die Dekoration durch eine Autosilhouette ergänzt werden.

Beifahrer: Oh, schön, dein neues Auto.

Fahrer: Tja, nicht? Ich bin auch ganz zufrieden damit, willst du mal ein Stück mitfahren?

Beifahrer: Na sicher doch.

Fahrer: Na, dann steig ein.

Beifahrer: Donnerwetter, der zieht ganz schön ab.

Fahrer: Ja, ein eichelsches Auto.

Beifahrer: Bitte?

Fahrer: Eichelsch

Beifahrer: Ach, äh, so zuverlässig wie Eichel?

Fahrer: Ja, so kann man sagen, es zieht mir zuverlässig das Geld aus der Tasche.

Beifahrer: Hihihi, wie meine Tochter, die ist deublersch.

Fahrer: Wieso deublersch?

Beifahrer: Die isst nur noch Reformkost aus dem Reformhaus wegen der Gesundheit.

Fahrer: Ach so, und auf deinen Geldbeutel wirkt das dann wieder eichelsch, oder?

Beifahrer: Nee, es geht, sie muss ja mitverdienen, 40 Prozent des Haushalts müssen von ihr bestritten werden wegen der innerfamiliären Quotenregelung.

Fahrer: Und das klappt?

Beifahrer: Na ja, also einfach ist das nicht, ihr hätten die Rechte bei der Emanzipation durchaus genügt. „Was soll ich auch noch die Pflichten übernehmen", hat sie gesagt, „so unverschämt bin ich nicht."

Fahrer: So, Autobahn, wie du siehst, fahre ich einen typischen Mittelklassewagen.

Beifahrer: Mittelklasse?

Fahrer: Ja, Mittelklasse für die Mittelspur, die Mitte ist das einzig Wahre.

Beifahrer: Ach ja, sag mal, bist du da nicht den anderen oft im Weg?

Fahrer: Das kann schon sein, aber die Mitte ist für die Sicherheit unbedingt notwendig.

Beifahrer: Ja?

Fahrer: Ja, denk an den Seitenwind, ein Rechtsruck und ich bin auf der rechten Spur wo die anderen schon auf der braunen Standspur landen.

Beifahrer: Ach ja, und links?

Fahrer: Auch, da geht's dann auf den grünen Mittelstreifen.

Beifahrer: Ah ja, und da schlägt man sich dann das Hirn an der Leitplanke an, die dafür sorgt, dass es nicht plötzlich in die Gegenrichtung geht.

(Gesprächspause)

Beifahrer: Wieviel PS hat der eigentlich?

Fahrer: Gar keine

Beifahrer: Bitte?

Fahrer: Gar keine, das ist ein moderner Wagen, der hat Watt.

Beifahrer: Oh Gott, nasser Sand, hast du den im Kofferraum? Liegt der Wagen deshalb so tief?

Fahrer: Nee, der liegt so tief, weil ihn der Wechsel drückt.

Beifahrer: Du hast Schulden?

Fahrer: Ja, aber sag's nicht weiter.

Beifahrer: Warum? Mach's doch wie die Industrie, lass dich sanieren. Da kommst du allerdings in die Zeitung.

Fahrer: Ja, und muss vorher einen Selbstmord versuchen, damit das klappt, Junge, du spinnst.

Beifahrer: Ja, da hast du Recht, und wie ich dich kenne, könnte er dir sogar gelingen.

Fahrer: Siehste, und dann?

Beifahrer: Ist deine Frau mit der Lebensversicherung vermutlich schuldenfrei.

Fahrer: Und das nennst du sanieren, nein danke, mein Lieber.

            (Gesprächspause)

Beifahrer: Mensch, pass auf, nach links rüber.

Fahrer: Oh, verdammt, das mache ich gar nicht gern.

Beifahrer: Wegen der Mittelklasse, was?

Fahrer: Ja, aber wenn's denn sein musste.

Beifahrer:	Ja, ja, es gibt Ausnahmen.
Fahrer:	Ja, manchmal kommt eben ein Rechter in die Mitte, und wir aus der Mitte wollen ja keinesfalls mit den Rechten zusammenstoßen.
Beifahrer:	Ja, ich weiß, ihr lasst euch lieber von den Linken hinten reinfahren.
Fahrer:	Wie meinst du denn das?
Beifahrer:	Na, Feindberührung, so Stoßstange an Stoßstange und bums.
Fahrer:	Na ja, auch nicht so gern, aber wenn das passiert, dann ist links alles blockiert. Und der Verkehr wird über die rechte Standspur umgeleitet.
Beifahrer:	Die extreme Rechte kommt in Fluss, hihihi.
Fahrer:	Lach nicht, sogar unter Polizeieinsatz.
Beifahrer:	Ja, du, ich habe keine Lust mehr. Lass uns nach Hause fahren.
Fahrer:	So plötzlich?
Beifahrer:	Ja, du fährst mir zu politisch, du Mittelklassefahrer!

Im Team

Solo für einen Philosophen

Vortragender: Merkwürdigerweise kommt man, egal welchen Themenkreises man sich auch immer annimmt, stets auf die Frage: „Was war zuerst da …" Also nicht direkt diese Frage, man muss die Henne und das Ei natürlich, wie heißt das jetzt wieder, substituieren, ja, na ja, glaube ich jedenfalls.

Ja, solche Wörter muss man verwenden, besonders dann, wenn man für etwas Fachmann ist.

Oder sich für einen solchen hält, das genügt natürlich auch. Ist doch klar, wenn ich ganz einfach gesagt hätte, dass man die Henne und das Ei ersetzen muss, dann hätte das jeder verstanden, hielte mich deshalb für einen Fachmann, und mein Selbstbewusstsein erlitte einen herben Datenverlust.

Wir substituieren nun eben in obiger Frage Henne und Ei und fragen: „Was war zuerst da, das Projekt oder das Team?" Übrigens auch beides Wörter, die nicht der deutschen Sprache entstammen und darum den Status der Substitution haben.

Das Problem soll hier aber gar nicht vertieft werden, viel interessanter ist doch eine Untersuchung zur Entstehung des Projektteams, mithin die Frage: Ist das Projektteam eine Schöpfung oder das Ergebnis eines evolutionären Vorgangs und wer ist für den Fall eins der Schöpfer? Sie sehen schon, Projektteams sind im Grunde eine

Glaubensfrage. Mit anderen Worten: Man muss an sie glauben und nicht etwa versuchen, sie zu verstehen. Schöpfungen sind etwas Wunderbares, und Wunder entziehen sich der Ratio.

Oder war es doch Evolution? Sind Projektteams eine Mutation der ehemals weit verbreiteten Arbeitsgruppen? Dann wäre immerhin die Chance des Verstehens gegeben. Hier sollten wir ansetzen.

Arbeitsgruppe mutiert zu Projektteam. Zunächst stellen wir fest, dass im Laufe der Entwicklung die Arbeit verloren ging, ein Verlust der im Allgemeinen nur von denjenigen als negativ angesehen wird, welche die Arbeit auch damals schon nicht selbst ausführen mussten.

Wir stellen fest: Der erste Schritt der Evolution führte zur Gruppe, die, von der Arbeit befreit, sich irgendwie unvollkommen, wenn nicht sogar überflüssig vorkam. Eine solche Gruppe nun, der Arbeit verlustig gegangen, traf in grauer Vorzeit zufällig auf ein Projekt.

Beide umkreisten sich vorsichtig, tasteten sich auf ihren Sinngehalt hin ab und fanden sich eigentlich ganz sympathisch. „Aber", sagte die Gruppe, „wenn du nicht Planung heißt, sondern Projekt, dann will ich auch nicht Gruppe heißen, sondern Team."

Und dann vereinigten sie sich.

Bitte, das ist jetzt nichts Unanständiges, nicht wahr, man kann sich auch anständig vereinigen, obwohl: Eine Gefahr steckt schon drin in dem Namen. Ich kenne da einen Kollegen, der kam nach Hause, ganz stolz, und erzählte seiner Frau, er würde jetzt im Team sein.

Ja.

Es kam darauf zu einer unheilschwangeren Gesprächspause.

„Mit wem?"

„Bitte?"

„Mit wem! Mit mir bist du seit Monaten nicht mehr intim gewesen."

Und dann hat er zwei Stunden gebraucht, um seiner lieben Frau klarzumachen, dass er „im" gesagt hat und nicht „in".

Na ja, das hat deswegen so lange gedauert, weil er dann auch noch das Wort Team übersetzt hatte. „In der Gruppe" hatte er dann nämlich noch gesagt und das fand die gute Frau nun vollends pervers.

Noch dazu am Arbeitsplatz.

Der Antrieb dieser Welt

Solo mit Sketch für vier Personen

◆ *Es spielen mit:*
Arno
Bernhard
Claudia
Manfred / Vortragender

◆ *Spielanweisung:*
Das Solo kann auch weggelassen werden, da es für das Verständnis des Sketches nicht unabdingbar nötig ist. Der Vortragende kann am Ende seines Solos in die Rolle des Manfred schlüpfen.

Vortragender: Guten Abend, meine Damen und Herren, wieder drehte sich die Welt seit unserem letzten Auftritt nur immer um das eine, nicht, Sie wissen schon, dieses unbeschreibliche, erhebende, zugleich befriedigende und dennoch süchtig machende Gefühl, das sich einmal im Monat einstellt. Es gibt Leute, da passiert das einmal in der Woche, bei anderen sogar täglich, und in Ausnahmefällen hat man auch schon von stündlich gehört, aber wie gesagt, das ist eher die Ausnahme. Andererseits und um der Statistik Genüge zu tun, muss auch erwähnt werden, dass es zeitweilige und dauerhafte Abstinenz gibt. Da niemand freiwillig auf das alles durchdringende, tiefste Zufriedenheit erzeugende Glücksgefühl verzichten möchte, kann es sich dabei in aller Regel aber nur um Zwangsabstinenz handeln.

Neben dieser letztlich doch abstumpfenden Regelmäßigkeit braucht der Mensch natürlich hin und wieder eine kleine Sensation, diesen zusätzlichen Reiz des Ungewohnten. Das kann mal eine Zuwendung von unerwarteter Seite sein oder auch das spannungserzeugende Gefühl des Verbotenen, das kann der heimliche Spaß des Verborgenen sein, den man für sich behalten will, obwohl man den Triumph am liebsten laut in die Welt hinausschreien möchte oder auch das gemeinschaftliche Erleben bei einer Großveranstaltung. Bei so einer Großveranstaltung weiß man vorher meist nicht, ob man Zuschauer oder Beteiligter sein wird, und gerade hierin liegt ja die Spannung. Schon Faber hat gesagt: „Allein geht's, gemeinsam geht's besser". Wie überall im Leben braucht man etwas Glück, etwas Talent, und vor allen Dingen braucht man die richtige Stellung. Es ist zweckmäßig, wenn man sich etwas zurücklegt.

Ich habe den Eindruck, dass Sie mit Ihren Gedanken ganz woanders sind. Hören Sie, wir machen hier Kabarett, und Sie denken an diesen unanständigen Kram, den Sigmund Freud wissenschaftlich salonfähig gemacht hat. Hier geht es um Geld, um die Frage, wie komme ich an das Geld anderer Leute, um das regelmäßige Einkommen aus der Stellung, die Sie bekleiden, um den Reiz des Glücksspiels, wie Lotto und Toto, um Betrügereien und Steuerhinterziehung, um öffentliche Verlosungen und um die Beträge, die Sie sich für die Zukunft zurücklegen, kurz: um das unbeschreibliche Glücksgefühl, Geld zu bekommen.

Der Antrieb dieser Welt ist das Geld.

Und nun unterscheiden wir ganz säuberlich zwischen den Begriffen „mein Geld" und „das Geld anderer Leute". Wir machen das eben mal vor, aber Vorsicht: Es wird nicht ganz logisch, doch das dient der Realitätsnähe.

Arno:	*(tritt auf, hält einen Euro hoch)* Das ist mein Geld.
Bernhard:	*(tritt auf, hält einen Euro hoch)* Das ist mein Geld.
Manfred:	So fängt das in Sprachkursen im Fernsehen immer an, nicht wahr. This is my money. Es geht hier um das so genannte besitzanzeigende Fürwort. This is the mine. Das ist meins. Wir werden im Folgenden sehen, dass der grammatische Begriff „besitzanzeigend" korrekt ist. Seit Einführung der öffentlichen Abgaben wäre der Begriff „eigentumsanzeigend" nämlich irreführend.
Arno:	*(zeigt auf Bernhards Euro, spricht Bernhard an)* Das ist dein Geld. Das ist deins.
Bernhard:	*(zeigt auf Arnos Euro, spricht das Publikum an)* Das ist sein Geld. Das ist seins.

(Claudia tritt auf)

Manfred:	Jeder zeigt Ihnen aus der Sicht des jeweils anderen das Geld anderer Leute, aus der eigenen Sicht natürlich das eigene.
Claudia:	Das ist Kapitalismus.
Arno und Bernhard:	*(gemeinsam, die Geldstücke nebeneinander haltend, zum Publikum)* Das ist unser Geld. Das ist unseres.
Manfred:	Und schon fangen die Probleme an. Beide sind jetzt bereits an das Geld anderer Leute gekommen, zumindest teilweise, wobei jeder nun auch einen Teil seines Geldes

an andere Leute hat abtreten müssen. Jeder hat jetzt zweimal 50 Cent, nämlich 50 Cent des ehemals eigenen Euros und 50 Cent des ehemals anderen Leuten gehörenden Euros.

Claudia: Das ist Sozialismus.

(Arno und Bernhard ersetzen ihre Euros durch je zwei 50-Cent-Münzen)

Manfred: Beide haben eine ausgeglichene Bilanz ohne eigene Leistung.

Arno: Ich habe 50 Cent hinzugewonnen.

Bernhard: Auch ich habe 50 Cent hinzugewonnen.

Arno: Andererseits habe ich 50 Cent verloren.

Bernhard: Auch ich habe 50 Cent verloren.

Claudia: Das ist Kapitalfluss.

Manfred: Welche Lehre zieht ihr daraus?

Arno: Es ist uns gelungen, an das Geld anderer Leute zu kommen.

Bernhard: Es ist uns aber nicht gelungen, zu verhindern, dass wir von anderen Leuten wie andere Leute behandelt worden sind, wobei die anderen Leute an unser Geld gekommen sind.

Claudia:	Das ist freie Marktwirtschaft.

Manfred:	Jeder Kapitalfluss begründet natürlich eine Abgabepflicht *(nimmt Arno und Bernhard je ein 50-Centstück weg)*, aufgeteilt in Steuerpflicht und Sozialversicherungspflicht.

Claudia:	Das ist soziale Marktwirtschaft.

Manfred:	Nun dasselbe noch einmal mit Gegenleistung.

(Arno und Bernhard zeigen wieder ihre Euromünzen)

Arno:	Das ist mein Geld.

Bernhard:	Das ist mein Geld.

Arno:	Ich führe eine Arbeit aus.

Bernhard:	Ich bin Nutznießer dieser Arbeit.

Claudia:	Ich kassiere für die geleistete Arbeit. *(nimmt Bernhard den Euro weg)*

Arno:	Moment, du hast die Arbeit nicht geleistet.

Claudia:	Als Unternehmerin werde ich dich selbstverständlich nach Tarif entlohnen.

Manfred:	Aber natürlich nur aus deinen Nettoeinnahmen. *(nimmt Claudia den Euro weg, gibt ihr dafür ein 50-Centstück zurück)*

Arno: (*zu Claudia*) Na schön, gib mir die 50 Cent.

Claudia: 30 Cent! Denk an die Unternehmenskosten und an meinen unternehmerischen Gewinn. (*gibt Arno drei 10-Centstücke*)

Manfred: 30 Cent Brutto. (*nimmt Arno ein 10-Centstück weg*)

Arno: Meine Arbeit war 20 Cent wert.

Bernhard: Seine Arbeit war einen Euro wert.

Manfred: (*zu Bernhard*) Willst du dein Geld nicht wiederhaben?

Bernhard: Doch, natürlich, aber wie?

Manfred: Ganz einfach, leiste eine Arbeit.

Bernhard: Ich führe eine Arbeit aus.

Arno: Ich bin Nutznießer dieser Arbeit.

Claudia: Ich kassiere für die geleistete Arbeit.

                  (*stummer Geldtransfer wie vorher: Claudia nimmt einen Euro von Arno, Manfred nimmt 50 Cent von Claudia, Claudia gibt 30 Cent an Bernhard, Manfred nimmt 10 Cent von Bernhard*)

Arno: Ich hatte einen Euro.

Bernhard: Ich hatte auch einen Euro.

Claudia: Ich fing bei null an.

Manfred: Das Riesenloch in der Staatskasse, das uns die vorige Regierung hinterlassen …

Arno: Ich habe gearbeitet.

Bernhard: Ich habe auch gearbeitet.

Claudia: Ich wurde Arbeitgeber.

Manfred: Ich hatte Ausgaben, es gibt Auslandsverpflichtungen, Inlandsverpflichtungen, Schuldenlasten …

Arno: Ich habe noch 20 Cent.

Bernhard: Ich habe auch noch 20 Cent.

Claudia: Ich habe 40 Cent.

Manfred: Die Staatskasse ist leer.

Anders als die anderen

Für zwei Personen

◆ *Es spielen mit:*
Berater
Klient

◆ *Spielanweisung:*
Ein schmuckloses Dienstzimmer, in dem sich das folgende Beratungsgespräch abspielt.

Klient: Grüß Gott, ich hoffe, Sie können mir helfen.

Berater: Na, schauen wir mal, wo drückt der Schuh?

Klient: Nein, das ist es nicht, meine Fußbekleidung ist ganz in Ordnung, es ist mehr die Seele, die drückt, wissen Sie? So eine Art psychosozialer Muskelkater.

Berater: Und was kann ich da für Sie tun?

Klient: Na ja, Sie könnten mir vielleicht einen Rat geben, wie ich meine Einsamkeit in den Griff kriegen könnte?

Berater: Ich nehme an, Sie sind nicht verheiratet?

Klient: Wieso? Macht das einsam?

Berater: Sie verstehen mich nicht. Ich meinte, ich nehme an, dass Sie nicht verheiratet sind und deswegen unter Einsamkeit leiden.

Klient: Sie haben es erfasst.

Berater: Nun, dann sollten Sie vielleicht einem Verein beitreten, wie wäre es mit einem Sportverein?

Klient: Das muss nicht unbedingt sein. Ich hasse alles regelmäßige, so regelmäßige Trainingsstunden und so.

Berater: Hmm, also Einsamkeit wegen Individualismus, gehen Sie in die Politik.

Klient: Und meine Abneigung gegen alles Regelmäßige?

Berater: Stört nicht, in der Politik leben viele von Unregelmäßigkeiten.

Klient: Na ja, wenn das so ist. Ich hätte da eine Idee.

Berater: Dann schießen Sie mal los.

Klient: Ich könnte doch zum Beispiel dem Solidarpakt beitreten.

Berater: Bitte, was wollen Sie?

Klient: Dem Solidarpakt beitreten, das passt nämlich ganz genau zu meinem Individualismus.

Berater: Aha.

Klient: Ja, keiner will den Solidarpakt und da ich anders bin als alle anderen …

Berater:	Wollen Sie dem Solidarpakt beitreten?
Klient:	Ich weiß nur nicht so genau, was das ist, da müssten Sie mich bitte noch ein wenig beraten.
Berater:	Ja, äh, also, der Solidarpakt, also, das ist zunächst mal ein zusammengesetztes Hauptwort.
Klient:	Das wusste ich schon.
Berater:	Bitte nicht unterbrechen, ich denke nach.
Klient:	Wozu? Sie werden fürs Beraten bezahlt, nicht fürs Denken.
Berater:	Dennoch! Also ein zusammengesetztes Hauptwort, bestehend aus Solidarität und Pakt.
Klient:	Das klingt jetzt aber ziemlich kommunistisch, nicht wahr. Solidarität, na hören Sie mal, und Pakt, das klingt ja geradezu wie Warschauer Pakt, den gibt es doch gar nicht mehr.
Berater:	Ich darf Sie daran erinnern, dass das Ihre Idee war.
Klient:	Ich fürchte, wenn ich dafür bin, dann bin ich noch einsamer als vorher.
Berater:	Kann schon sein, wer will schon den Gürtel enger schnallen.
Klient:	Ach, muss man das?

Berater:	Natürlich.
Klient:	Das klappt nicht.
Berater:	Und wieso nicht?
Klient:	Ganz einfach, stellen Sie sich das bildlich vor, mit einer Hand versucht man, den Gürtel enger zu schnallen und mit der anderen versucht man, genau das zu verhindern.
Berater:	So ein Blödsinn, dann kann man doch gleich nichts tun.
Klient:	Falsch! Schon bei zwei Beteiligten wird das ein Kampfspiel.
Berater:	Ach, Sie meinen, jeder nestelt am Gürtel des …
Klient:	Des anderen, sehr richtig. Das klingt zunächst ganz aufregend, ist aber ein völlig unerotisches Nesteln.
Berater:	Und weshalb wollen Sie dann unbedingt dem Solidarpakt beitreten?
Klient:	Nun ja, man sollte nicht immer alles von der erotischen Seite sehen und außerdem sollte man sein Hobby nicht zum Beruf machen.
Berater:	Also jetzt verstehe ich gar nichts mehr. Erst suchen Sie hier nach einem Hobby, und jetzt reden Sie plötzlich von Beruf?
Klient:	Haben Sie es denn noch nicht gemerkt?

Berater: Was denn?

Klient: Im Solidarpakt haben nur Berufsgürtelschnallenfummler überhaupt eine Chance.

Berater: Was Sie nicht sagen.

Klient: Ja, jeder Berufsgürtelschnallenfummler schnallt den Gürtel enger.

Berater: Sie meinen …

Klient: Der Finanzminister schnallt den Gürtel des Steuerzahlers enger, der Sozialminister schnallt den Gürtel des Arbeitslosen enger, die Gesundheitsministerin schnallt den Gürtel des Patienten enger.

Berater: Das sind ja alles meine Gürtel!

Klient: Da können doch die Minister nichts dafür, dass Sie so viele Gürtel haben.

Berater: Und welchen Gürtel soll ich enger schnallen?

Klient: Nun hören Sie mal, wer soll hier eigentlich wen beraten?

Berater: Da haben Sie Recht. Ich berate Sie.

Klient: Also, und?

Berater: Ich erhöhe die Beratungsgebühr um 50 Prozent, warum soll ich nicht auch einen Gürtel enger schnallen?

Dann suchen Sie sich doch ein Hobby

Telefonsolo für einen Verbraucherschützer

◆ *Spielanweisung:*
Ein Büro. Der Verbraucherschützer sitzt am Schreibtisch, umgeben von einigen Handbüchern und Papieren, vor seinem Telefon. Das Telefon klingelt, er hebt ab. Die Pausen zwischen den Gesprächsteilen sollten bewusst eingehalten – und regelrecht ausgespielt – werden, um den nur zur Hälfte wahrnehmbaren Dialog mit dem Anrufer zu simulieren.

Verbraucherschützer: Verbraucherschutzzentrale, guten Tag.

Oh, das ist bedauerlich.

Nein, dagegen können Sie gar nichts tun.

Nein, da müssen Sie selbst sehen, wie Sie die fünf Stunden rumbringen.

Wenn Ihre Gewerkschaft die 35-Stunden-Woche durchgesetzt hat, dürfen Sie auch nur 35 Stunden arbeiten.

Dass Sie nun Langeweile haben, hätten Sie sich überlegen müssen, bevor Sie in die Gewerkschaft eingetreten sind.

Was? Sie werden depressiv?

Sie haben schon an Selbstmord gedacht? Sind Sie verheiratet?

Was heißt: Im Augenblick nicht?

Ach ja, sieben Mal schon. Dann wird ein achtes Mal auch nichts gegen Ihre Langeweile sein.

Vielleicht sollten Sie sich ein Hobby suchen, so einen engagierten Zeitvertreib.

Sammeln Sie irgendwas? Ach, richtig, das sagten Sie ja schon: Scheidungsurteile. Wie wäre es aber mit Briefmarken?

Da kommen Sie billig zu einer Porträtsammlung bekannter Politiker.

Na, das ist doch klar: Die jetzige Regierung lässt sich nicht auf Briefmarken abbilden, weil die dann als Fahndungsfotos missbraucht werden könnten.

Aber das wäre vielleicht was für Sie: Werden Sie Politiker!

Sicher, dann hätten Sie noch viel mehr Grund zur Depression. Aber Sie hätten keine Zeit mehr dafür.

Natürlich können Sie irgendwann ein Volk regieren. Dazu brauchen Sie etwas Glück, die Unterstützung der Basis und die Genehmigung aus München.

Ja, „Basis". Wissen Sie nicht, was das ist? Na, die Basis ist das Alibi für wirklichkeitsfremde Entscheidungen. Damit ist die Basis das Geheimnis des Erfolgs.

Sie müssen sich an folgende Regel halten: Haben Sie eine Entscheidung getroffen, die sich später als falsch erweist, so war das im Auftrag der Basis. Erweist sich eine Entscheidung als richtig, dann war sie Ihre eigene Idee.

Ganz einfach, nicht?

Nein, pro Entscheidung nicht öfter als dreimal wechseln, das merken die Wechselwähler.

Aber sicher, als Regierungschef üben Sie selbstverständlich Gewalt aus über das Volk.

Ja, ja, die Macht geht vom Volke aus, na und? Was macht einem die Macht, wenn man selber die Gewalt ausübt? Außerdem kommt die Macht des Volkes sowieso nur alle vier Jahre zum Tragen.

Dazwischen duldet das Volk die Regierung. Erdulden ist doch wohl nicht ganz das richtige Wort.

Da haben Sie auch wieder Recht, unter mancher Regierung leidet ein Volk auch. Manchmal sehr intensiv und früher oder später recht unbequem für die Regierung.

Wenn Ihnen das zu nervenaufreibend ist, dann wählen Sie ein anderes Hobby, kaufen Sie sich ein Aquarium.

Fische leiden lautlos.

Jede Kreatur leidet, wenn sie nicht in ihrer natürlichen Umgebung lebt.

In unserer modernen Umwelt leidet sie aber noch mehr, wenn sie in ihrer natürlichen Umgebung lebt.

Für eine Reihe von Arten ist die Gefangenschaft die einzige Chance zur Erhaltung der Art.

Weil trockengelegte Feuchtbiotope negative Auswirkungen auf die Lebensfreude von Fischen haben zum Beispiel. Oder weil lebende Insekten für die Vögel bekömmlicher sind als durch Insektizide verendete.

Ein weiser Entschluss: Züchten Sie eine gefährdete Tierart. Aber bitte keine Gentechnologie. Wir brauchen weder mutierte Menschen, noch brauchen wir weiß-blau-rautierte Goldfische.

Gute Karten

Für drei Personen

◆ *Es spielen mit:*
Albert
Berthold
Christoph

◆ *Spielanweisung:*
In der Stammkneipe. Albert, Berthold und Christoph sitzen am Tisch und spielen Skat. Christoph mischt sehr lange.

Albert: Was machst du denn da?

Christoph: Das siehst du doch, ich mische.

Albert: Das dauert ja wieder.

Berthold: Ja, das dauert länger als die Koalitionsverhandlung.

Christoph: Na und? Dafür werden die Karten aber dann ja auch gleichmäßig verteilt.

Berthold: Das sehen wir dann schon.

Christoph: Abheben?

Albert: Natürlich.

Christoph: Gut, dann haben wir wenigstens einen, der schuld ist, wenn es nichts wird.

Berthold:	Du Eichel, du.
Albert:	Nun gib endlich.
Christoph:	3 für dich, 3 für dich und 3 für mich, und diese beiden werden Minister.
Berthold:	Ja, zunächst ohne besondere Aufgaben.
Christoph:	Und 5 für dich und 5 für dich und 5 für mich.
Albert:	Und 3 und 5 sind 8 und 2 kriegen wir noch.
Berthold:	Hihihi, 3, 5, 8, 2, was könnte das wohl heißen?
Christoph:	Ganz einfach, wenn 3 Regierungsparteien in 5 neuen Bundesländern nicht 8 geben, dann geht die Einheit ent 2.
Berthold:	Blödel nicht, gib 2.
Christoph:	Nimm 2, du auch und noch 2 für mich. Gleichmäßig genug verteilt?
Albert:	Ich weiß nicht recht, du gibst wie der Bundeskanzler, die besten Karten für dich.
Berthold:	Muss ich auch sagen. Und wenn die beiden Minister in der Mitte auch nichts taugen, komme ich in die Miesen.
Christoph:	Dann kann da nur der Finanzminister bei sein. Wer sagt was?

Albert:	18.
Berthold:	Ja.
Albert:	20.
Berthold:	Ja.
Albert:	2.
Berthold:	Ja.
Albert:	Null.
Berthold:	Das wäre der Offenbarungseid.
Christoph:	Von wegen, wenn du Null hast, dann darfst du eben gar nichts offenbaren, dann musst du mit verdeckten Karten spielen.
Albert:	Ja, wie vor der Wahl, sobald einer dahinter schaut, hast du verloren.
Berthold:	Null habe ich.
Albert:	4.
Berthold:	Ja.
Albert:	7.
Berthold:	Ja.

Albert:	30.
Berthold:	Ja.
Albert:	33.
Berthold:	Nein, das war ein ganz schlechtes Jahr.
Albert:	Mehr?
Christoph:	43.
Albert:	Bitte? Was ist das denn?
Christoph:	Ein noch viel schlechteres Jahr.
Berthold:	Komm, das hier ist eine Skatrunde, kein Geschichtsunterricht. Hier geht das um das Hier und Heute und um die beiden Minister in der Mitte.
Albert:	Jawohl. Und um einen Dummen, der nachher die Rechnung bezahlt. Also, sagst du noch was?
Christoph:	48.
Albert:	Währungsreform.
Berthold:	Albert!
Albert:	Also gut, bei mir hätte das gerade für die 40 Mark gereicht.

Christoph: Danke, her mit den Ministern.

Albert: Und? Spielst du Eichel?

Christoph: Nee, Schröder.

Berthold: Das ist doch kein Trumpf.

Christoph: Stimmt, aber ein Grand. Moment, erst müssen noch 2 in den Osten. So, die tun nichts mehr, aber sie zählen mit.

Berthold: Deine private Bundesbank, was?

Albert: Also Schröder hast du gesagt, dann schauen wir mal, Berthold kommt raus.

Christoph: Bundesbank ist gut, das ist der Zuschuss, über den ich noch nichts verraten muss. *(1. Stich)* Schön, damit ist die Opposition kaltgestellt.

Albert: Hat aber kaum was bezahlt.

Christoph: Das kommt schon noch. *(2. Stich)* Das war der Beitrag von der Telekom. *(3. Stich)* Das war der Länder-finanzausgleich. *(4. Stich)* Das war die Mineralölsteuer. *(5. Stich)* Das war die Ökosteuer. *(6. Stich)* Und das war die Mehrwertsteuer. Den schnöden Rest könnt ihr behalten.

Berthold: Du hast ganz schön zugelangt, da bleiben uns ja wirklich nur noch ein paar Hinterbänkler.

Christoph: Das reicht auch für euch.

Albert: Na ja, die halbe Miete hast du ja gedrückt.

Christoph: Muss ich doch, wovon soll ich die ganze Miete denn sonst bezahlen? Apropos zahlen, kommt: Zahlemann und Söhne, Beitreibung ist angesagt. Mit einem spielt 2, Schneider 3, gut gespielt 4 mal Schröder …

Berthold: Grand.

Christoph: … mal Grand sind 96, also 9 Euro 60, meine Herren.

Albert: Du könntest tatsächlich Finanzminister werden, mit Eichel 2 Koalitionspartner ausgespielt, Beutelschneiderei mit 3 neuen Abgaben für die nächsten 4 Jahre durchgemogelt, macht 9 Euro 60.

Berthold: Ich wette, du nimmst 10 Euro, weil du nicht wechseln kannst.

Christoph: Du hast es erfasst, noch ein Spiel?

Albert: Um Gottes Willen, für die nächsten 4 Jahre reicht uns dieses hier.

Die Haushaltsdebatte

Für vier Personen

◆ *Es spielen mit:*
Vater
Mutter
Tochter
Sohn

◆ *Spielanweisung:*
Spärliche Silvesterdekoration. Der Vater leitet die Debatte von einer Art Rednerpult aus. Die Eltern verkörpern die Regierung, die Kinder die Opposition. Die Bezeichnungen der Einzelpläne sollten unbedingt beibehalten werden, auch wenn improvisiert wird, da sie der Aufteilung des Bundeshaushalts entsprechen.

Vater: Hiermit erkläre ich die erste Lesung des Haushalts *(Jahreszahl des kommenden Jahres)* der Familie Meier-Schulze für eröffnet.

Sohn: Warum muss da eigentlich jedes Jahr so ein Bohei von gemacht werden, können wir unser Geld nicht einfach ausgeben wie andere Leute auch?

Tochter: Genau, das bringt doch nichts, Müllers Auto läuft auf Raten, unseres auch, Müllers haben für ihren Schrank einen Kleinkredit, wir auch, Müllers leben in der letzten Woche des Monats am Existenzminimum, wir auch, Müllers feiern heute Silvester, wir führen eine Haushaltsdebatte, so'n Quatsch.

Mutter:	Von wegen, seht mal, Müllers haben einfach nur Schulden. Wir haben auch Schulden, aber wir wissen, warum.
Vater:	So ist es, abgesehen davon lernt ihr so am besten, was man unter parlamentarischer Demokratie versteht, also keine Widerrede. Ich stelle fest, dass die stimmberechtigten Mitglieder der Familie zu einhundert Prozent anwesend sind. Damit ist die Versammlung beschlussfähig. Es wird festgelegt, dass die Sitzung traditionsgemäß unter Ausschluss der Öffentlichkeit stattfindet.
Tochter:	Was traditionsgemäß den Vorteil hat, dass das Finanzamt keinen Wind davon kriegen kann.
Sohn:	Es sei denn, der große Lauschangriff …
Mutter:	Bitte Ruhe, lasst Vater ausreden.
Vater:	Der große Lauschangriff ist nicht zu befürchten, da Steuerhinterziehung kein Bandendelikt ist. Kommen wir nun aber zum Tagesordnungspunkt eins: Dritter Nachtrag zum Haushalt (*Jahreszahl des zurückliegenden Jahres*). Ich bitte um Anträge.
Mutter:	Ich bitte, die Ersatzbeschaffung einer Suppenschüssel für das blaue Service noch aus dem alten Haushalt finanzieren zu dürfen. Die Restmittel des Einzelplans 31, Bildung, reichen dafür aus.
Sohn:	Wieso sollen Ausgaben für Einzelplan 09 aus meinem Ressort bezahlt werden?

Tochter:	Weil du die Schüssel runtergeschmissen hast. Abgesehen davon betrifft mich der Einzelplan 31 natürlich auch. Ich bin dagegen.
Vater:	Der Antrag ist angenommen.
Sohn:	Ohne Abstimmung? Ich denke, wir sollen hier Demokratie lernen?
Mutter:	Das ist Demokratie, allerdings ist es unsinnig, über Sachzwänge abzustimmen, die anderen Einzelpläne sind nämlich alle überzogen.
Vater:	Alle?
Mutter:	Alle, ich musste sie für die Deckung des Einzelplans 32, Kapitaldienste, heranziehen.
Sohn:	Das war doch schon immer mein Reden, die Familienverschuldung ist auf Dauer nicht finanzierbar.
Vater:	Sehr richtig. Und da eine Erhöhung der Einnahmen nicht zu erwarten ist, müssen wir als Sofortmaßnahme eine Kürzung bei Einzelplan 11 vornehmen.
Tochter:	Ich habe es geahnt, bei „Soziales".
Vater:	Die Subventionierung eurer Freizeitgestaltung muss um fünfzig Prozent zurückgefahren werden. Ich kann euch ab sofort nur noch zehn Euro Taschengeld geben. *(zur Mutter)* Die Mittel des Einzelplans 11 dürfen nicht mehr aus Einzelplan 09 verstärkt werden, damit das klar ist.

Sohn:	Denn das Wirtschaftsgeld ist heilig. Amen.
Mutter:	Dann reicht das ja nicht mal mehr für die Pille, das sollten wir aber noch einmal überdenken, diese Einsparung kann in neun Monaten zu einer erheblichen Mehrbelastung im Einzelplan 17, Jugend, führen.
Vater:	Dann nimm Kondome, die haben den Vorteil, dass sie auch noch gegen Aids schützen.
Tochter:	Dann können sie aus Mitteln des Einzelplans 15, Gesundheit, bezahlt werden und belasten somit Einzelplan 11 nicht.
Sohn:	*(zur Tochter)* Für Mutti okay, aber für dich sollten wir sie aus Einzelplan 12 bezahlen.
Mutter:	Was ist Einzelplan 12?
Vater:	Verkehr.
Tochter:	Verstehe ich nicht.
Sohn:	Da gehört auch Fremdenverkehr dazu.
Tochter:	Meiner Ansicht nach gehören sie eher zum Einzelplan 05, ich habe hier ja noch nicht einmal ein eigenes Zimmer.
Vater:	Genehmigt. *(schreibt)* Einzelplan 05, auswärtige Angelegenheiten.

Mutter:	Können wir jetzt endlich zu Haushaltsansatz *(Jahreszahl des kommenden Jahres)* kommen?
Vater:	Einverstanden, wird eine allgemeine Aussprache gewünscht?
Sohn:	Das muss nicht sein.
Tochter:	Es sei denn, du willst eine Regierungserklärung abgeben.
Mutter:	Das muss erst recht nicht sein.
Vater:	Dann eben nicht. Welche Verpflichtungsermächtigungen liegen vor?
Sohn:	Bitte, was liegt vor?
Tochter:	Verpflichtungsermächtigungen, hör doch zu.
Sohn:	Ach so, Verpflichtungsermächtigungen, ja, äh, was ist das?
Vater:	Das sind Ausgaben in zukünftigen Haushalten, die in früheren Haushalten bereits verbindlich festgelegt wurden.
Mutter:	Zum Beispiel, wenn euer Vater mir zum Geburtstag einen Pelzmantel versprochen hat und zwischen Versprechen und Geburtstag ein Jahreswechsel stattfindet.
Sohn:	Also sind Verpflichtungsermächtigungen dasselbe wie Wahlversprechen?

Vater: Nein, Verpflichtungsermächtigungen müssen eingehalten werden, zum Beispiel im Einzelplan 13, Post und Telekommunikation, die Fernsehgebühren – oder im Einzelplan 25, Bauwesen, die Einzahlungen in den Bausparvertrag.

Tochter: Oh Gott, und wie viele solcher Ermächtigungen gibt es?

Vater: Na ja, mit Steuern, Versicherungen, Gebühren, öffentlichen Abgaben wie Abwasser und Müllabfuhr, Tilgungen, Zinsen und Miete würde ich mal sagen: Zwei Drittel.

Mutter: Zwei Drittel wovon?

Vater: Zwei Drittel der wiederkehrenden Haushaltseinnahmen.

(ab hier Sohn und Tochter durcheinander, schnell und vorwurfsvoll, es soll klingen wie die Zwischenrufe in Parlamenten)

Tochter: Das geht nicht. Das ist ja Sozialabbau!

Sohn: Das ist Raubbau an den Ressourcen!

Tochter: Diesem Haushalt muss man die Zustimmung verweigern!

Sohn: Der Familienruin ist doch nur noch eine Frage der Zeit!

Tochter: Das ist der Offenbarungseid der Vernunft!

Sohn: Das könnt ihr doch nicht machen!

Tochter:	So was führt doch direkt in den Familienbankrott!
Sohn:	Da sind die elementarsten Regeln der Wirtschaftlichkeit mit Füßen getreten!
Tochter:	Wer soll denn dafür aufkommen!
Vater:	Ruhe! Ruhe, sonst muss ich eine Ausgabe in Einzelplan 07 einplanen.
Tochter:	Einzelplan 07?
Mutter:	Einzelplan 07, Justiz, Vater plant, einen Rohrstock zu kaufen.
Sohn:	In diesem Fall bin ich gezwungen, einen konstruktiven Misstrauensantrag einzubringen, es sein denn ...
Mutter:	Es sei denn?
Vater:	Na, was denn?
Tochter:	Es sei denn, du beendest jetzt diesen Blödsinn und zahlst uns endlich unsere Diäten aus.

(Bemerkung: Die Nummern der Einzelpläne werden bei vorausstehender Null in Ziffern gesprochen, also z. B. für 07: Null Sieben. Ab zehn werden sie als Zahl gesprochen, also z. B. für 13: Dreizehn, keinesfalls Eins Drei.)

Freiheit für die Gummibärchen

Solo für einen Gummibärenfreund

◆ *Spielanweisung:*
Das Solo wird vor dem Vorhang oder an der Rampe gespielt. Der Vortragende agiert mit zwei Tüten Gummibärchen. Das Ganze kann auch an einem Tisch – wie bei einer Verkaufspräsentation – vorgeführt werden.

Vortragender: „Freiheit für die Gummibärchen, weg mit der Plastiktüte!" – Das ist ein ganz schön alter Spruch, der war als humoristische Antwort auf die Demonstrationen der 68er gedacht, also über 30 Jahre alt.

Das hätte sich der Erfinder dieses Spruches auch nicht träumen lassen, dass der einmal Sinn macht.

Doch doch, stellen Sie sich mal vor, Sie wären so ein Gummibärchen in dieser Tüte hier, rings umgeben mit einer Mauer, äh, Wand, äh, aus Plastik. Und dann gibt es natürlich noch mehr Plastiktüten mit Bärchen drin, das sind alles Brüder und Schwestern von diesen Bärchen. Und alle zusammen haben den großen Bruder, das ist der große Bär.

Auf der anderen Seite ist nichts, jedenfalls sagen das die Chefs der Gummibärchen. Nach der Seite sind die Plastiktüten auch so gut wie undurchsichtig, sonst würden die armen unwissenden Bärchen ja die Gefahr sehen, die auf sie lauert, sie würden uns sehen, uns, die wir außerhalb der Plastiktüten leben.

Die Gummibärchen ahnen selbstverständlich, dass die Welt an der Plastiktütenwand nicht zu Ende ist. Und das wissen die Chefs der Gummibärchen und deshalb erzählen sie ihrem Gummibärchenvolk auch, dass wir hier draußen gefährlich sind. Wir fressen kleine Gummibärchen!

Also sind die Gummibärchen bewaffnet.

Ja, defensiv bewaffnet sind sie: mit E-Zahlen. Das sind Farbstoffe, Konservierungsstoffe, Geschmacksverstärker. Das hilft zwar nicht dem einzelnen Gummibärchen, aber uns verdirbt das den Appetit. So war das.

„Weg mit den Plastiktüten, Freiheit für die Gummibärchen!"

Wenn wir danach gehandelt hätten, dann hätten die Gummibärchen bestimmt Angst bekommen, dass wir sie befreiten, weil wir sie zum Fressen gern haben.

Aber die Gummibärchen haben sich selbst befreit. Zuerst haben einige aus der geschlossenen Plastiktüte die benachbarte offene Plastiktüte besucht. Und siehe da, sie wurden nicht gefressen.

Nur einige sind von so Geschäftsganoven, oder wie soll man die nennen? Kann man doch nicht ernst nehmen, solche Leute, so Geschäftsganövchen. Also: Einige Gummibärchen sind hier von Geschäftsganövchen übers Gummibärchenöhrchen gehauen worden, aber sonst ist nichts passiert.

Und dann haben die Gummibärchen, die in ihrer Tüte geblieben sind, ihre Gummibärchenchefs abgesetzt, indem sie alles von unten nach oben gekehrt haben und umgekehrt.

Da lagen die roten Bärchen plötzlich unten.
Natürlich nicht alle, aber die größten schon.
Kurz danach gab es dann neue Chefs der verschiedenen Farben und diese neuen Chefs ordneten das Entfernen der Plastiktüten an. *(zerreißt die Plastiktüten, die Gummibärchen fallen zu Boden oder besser auf den Tisch, sofern einer vorhanden ist)*
Die Plastiktüten sind nun weg, die Bärchen laufen alle durcheinander, die roten, die noch übrig sind, natürlich nicht, die bleiben immer noch für sich, aber der Rest. Alle gucken, ob sie nicht irgendwo ein Braunbärchen entdecken, aber sie finden keines. Sie haben Angst vor Braunbärchen, weil sie keine kennen. Sie wissen nur, dass es welche gibt, aus der Geschichte vor der Erfindung ihrer Plastiktüten.
Sie haben gelesen, dass Braunbärchen gefährlich sind, und dass Braunbärchen vielleicht neue Plastiktüten mitbringen könnten, größere zwar, aber die Gummibärchen mögen keine Plastiktüten mehr, weder rote noch braune. Guten Abend!

Das göttliche Interview

Für zwei Personen

◆ *Es spielen mit:*
Zeus
Reporterin

◆ *Spielanweisung:*
Auf dem Olymp. Zeus mit Rausche-
bart und in (angedeutet) altgriechi-
scher Tracht. Die Reporterin, die den
Göttervater Zeus interviewt, trägt
Minirock und ein Aufnahmegerät.

Reporterin: Sie sind also bereit zu einem kurzen Interview für unsere Zuhörer des Bayerischen Rundfunks? Fein, Sie erlauben, dass ich kurz einige Worte an unsere Hörer richte.

Zeus: Selbstverständlich.

Reporterin: Gut. *(Rekorder einschalten)* Liebe Hörerinnen und
Hörer, auf unserer Reise durch die Zeit ist es uns im anti-
ken Griechenland gelungen, ein Gespräch mit dem
Göttervater Zeus zu arrangieren. Neben mir, in voller
Größe, steht Herr Zeus höchstpersönlich. Ich versichere
Ihnen, er sieht genauso aus, wie Sie sich ihn immer vor-
gestellt haben. – Ich darf Sie herzlich im Namen unserer
Hörerinnen und Hörer begrüßen, Herr Zeus, und Ihnen
gleich auch die erste Frage stellen.

Zeus: Grüß Gott!

Reporterin:	Bitte? Der sind Sie hier doch selber!?
Zeus:	Deshalb die Aufforderung, ich habe nichts dagegen, wenn man mich grüßt.
Reporterin:	Ach so, also zur ersten Frage: Herr Zeus, in unserer Zeit hat man Radio und Fernsehen für die Kommunikation, zur Übermittlung von Nachrichten zum Beispiel. Wie hat man dieses Problem bei Ihnen gelöst?
Zeus:	Nun, wir haben dafür das Orakel in Delphi mit einer Priesterin, die Pythia.
Reporterin:	Gut gut, das entspricht unserem Bundespresseamt mit einem Regierungssprecher, meine Frage zielte jedoch mehr auf die Übermittlung der Nachrichten.
Zeus:	Die Übermittlung der Nachrichten, wie Sie das nennen, hat mein Sohn übernommen, der Hermes. Die Menschen nennen ihn den Götterboten. Er hat den Ruf, der schnellste Götterbote der Welt zu sein.
Reporterin:	Dann kann er nicht der Gott des Postwesens sein. Nun möchte ich gern von Ihnen etwas über die gesellschaftlichen Strukturen in Ihrer Zeit erfahren. Unsere Historiker behaupten, dass in Ihrem Einflussbereich eine der ersten funktionsfähigen Demokratien entstanden ist.
Zeus:	Das stimmt. Demos: das Volk. Es werden Volksvertreter gewählt, deren Frauen die Regierung übernehmen. Wie bei mir auf dem Olymp, nur dass ich nicht gewählt wurde, sondern von Kronos gezeugt.

Reporterin: Bei Ihnen regieren die Frauen?

Zeus: Ja sicher, Sie kennen meine Hera nicht! Ist das bei Ihnen denn anders? Haben denn bei Ihnen weiblicher Charme, weibliche Schönheit und weibliche List keinen Einfluss mehr auf die Männer?

Reporterin: Nein, bei uns sind die Frauen emanzipiert.

Zeus: Oh ich!

Reporterin: Bitte?

Zeus: Sie würden sagen: Oh Gott! Aber das bin hier ich.

Reporterin: Ach so. Übrigens, wodurch hat Ihre Hera denn den Einfluss auf Sie, durch Charme, Schönheit oder List?

Zeus: Durch den Status der Ehegattin. Mein Vater Kronos hat meine Verehelichung leider nicht verhindert. Und meine Hera hat das Laster der Eifersucht. Nun ja, Verehrteste, also ich stehe über den Dingen, meine Hera will sowieso keiner.

Reporterin: Aber Sie sind dem weiblichen Geschlecht doch nie ablehnend gegenübergestanden?

Zeus: Oh nein, bewahre, was gibt es Schöneres als ein liebenswertes Weib. Es muss ja nicht das eigene sein. Die begehrenswertesten sind meist menschlicher Natur.

Reporterin: Sie bevorzugen menschliche Frauen?

Zeus:	Aber sicher, die göttlichen haben so etwas Weltfremdes, Steriles, auf Jahrtausende hinaus Unveränderliches.
Reporterin:	Igitt, wie langweilig.
Zeus:	Sie sagen es, langweilig. Die oberen Zehntausend meiner Zeit auf dem Olymp sind ja, Bedienstete mitgezählt, kaum dreihundert, davon die Hälfte männlich.
Reporterin:	Na so was.
Zeus:	Ja, deshalb bin ich ja so froh, dass meine Kinder alle irgendwo Priesterinnen haben. Wenn nur die Hera nicht so aufpassen würde; ich muss mich dauernd verwandeln.
Reporterin:	So?
Zeus:	Ja, als Schwan gefiel ich mir am besten.
Reporterin:	Den Frauen aber als Stier.
Zeus:	Das war mir zu anstrengend. Europa war eine sehr schwere Geburt.
Reporterin:	Da hat sich bis heute nichts geändert. Europa ist immer noch eine schwere Geburt. Gott sei Dank geht's aber wohl ohne kriegerische Auseinandersetzungen ab.
Zeus:	Bitte, bitte, aber was danken Sie mir? Hin und wieder ein kleiner Krieg ist doch ganz unterhaltsam. Er sorgt für Kurzweil.

Reporterin: Auf dem Olymp vielleicht, aber für die Menschen sind Kriege alles andere als erfreulich.

Zeus: Aber warum denn? Heutzutage ziehen die Heroen mit Begeisterung in die Schlacht, wissen sie doch, dass es um eine schöne Frau geht. Vor Troja zum Beispiel, da ging's um die schöne Helena.

Reporterin: Das ist bei uns ganz anders.

Zeus: So? Man kämpft nicht um schöne Frauen? Worum denn dann?

Reporterin: Zu meiner aufgeklärten Zeit kämpft man um ... äh, ja, also, wenn ein Krieg ausbricht, dann kämpft man für ... für höhere Ziele, zum Beispiel fürs Vaterland. Jawoll!

Zeus: Vaterland? Ist das was zum Lieben?

Reporterin: Bei uns liebt jeder sein Vaterland!

Zeus: Aber die Jungfrauen, um die es in unseren Kriegen geht, die erwidern die Liebe der Heroen.

Reporterin: Unser Vaterland liebt auch seine ... äh, Steuerzahler zum Beispiel.

Zeus: So? Und sonst?

Reporterin: Äh ... lohnen sich denn die Kriege bei Ihnen?

Zeus: Sicher!

Reporterin: Aber die dauern doch so lange!?

Zeus: Na und, für eine schöne Frau …

Reporterin: Die ist doch bei Kriegsende im Rentenalter.

Zeus: Die Heroen aber auch.

Reporterin: Ach so.

Zeus: Ja, und so ein Krieg hat noch einen entscheidenden Vorteil, er lenkt meine Hera von meinen Eskapaden ab.

Reporterin: Ach ja?

Zeus: Aber ja, sie kämpft immer an vorderster Front und ich … nicht, hahahaha.

Reporterin: Aber dafür gleich einen ganzen Krieg? Gäbe es da keine einfachere Methode?

Zeus: Vielleicht, aber die Heroen sind doch da, die langweilen sich doch sonst.

Reporterin: Nun, das ist bei unseren Militärs auch so. Nur, Krieg wollen die auch nicht.

Zeus: Feiglinge! Oh, wie ich sehe: Die Mode hat sich kaum gewandelt. Der antike kurze Rock ist immer noch aktuell.

Reporterin: Nun, das wechselt.

Zeus:	Und das was drinnen ist ... auch? Mein Fräulein, ich habe eine Idee.
Reporterin:	Herr Zeus, da bin ich aber gespannt.
Zeus:	Mein Fräulein, ich habe einen Ruf zu verlieren. Ich muss wieder einmal ein Heldengeschlecht zeugen.
Reporterin:	Dagegen ist nichts einzuwenden, aber wer soll denn die Glückliche sein?
Zeus:	Na Sie, mein Fräulein, da brauche ich mich auch nicht zu verwandeln.
Reporterin:	Warum das denn nicht, wird Ihre Hera kurzsichtig im Alter?
Zeus:	Nein, die versteht nichts von Medientechnik. Radio, Fernsehen, Film, für sie ist das alles gleich. Ich nehme Sie kurz beiseite, sage ihr, ich ginge zum Film, und meine Hera wartet auf den Oscar.
Reporterin:	*(hängt sich bei Zeus ein)* So werde ich des Zeus letzten Sohn aber bestimmt nicht nennen.

Die Postleitzahl

Solo für einen Anrufer

◆ *Spielanweisung:*
Eine Wand, ein Tisch, ein Telefon, also eine einfache, fast beliebige Ausstattung. – Dieses Solo ist für mundartliche Sprachfärbung geeignet. Die Pausen sollen sehr bewusst ausgespielt werden, um so die wahrnehmbare Hälfte des telefonischen Dialogs zu gestalten.

Anrufer: Grüß Gott, ist da die Auskunft?

Ja, ich wüsste gern eine Postleitzahl.

Natürlich weiß ich selber eine, aber ich hätte gern eine andere gewusst.

Ja, Müller.

Nein, nicht ich, der Adressat heißt Müller.

Ach, die Anschrift? Mit Postleitzahl? – Die will ich doch von Ihnen wissen.

Müller!

Woher soll ich denn wissen, dass ausgerechnet der Müller keine eigene Postleitzahl hat?

Na, hören Sie mal, auf Helgoland muss ja wohl fast jeder, oder? Die haben da 13 Postleitzahlen.

Ja, aber warum ausgerechnet 13? Die offene See macht doch abergläubisch, ausgerechnet 13.

Na sicher, wenn jetzt die lange Anna umfällt, hat die Regulierungsbehörde Schuld. Hat die eigentlich eine eigene Postleitzahl?

Wen soll ich fragen? Schwarz-Schilling? Wer erinnert sich denn an den noch?

Was ist nun, sagen Sie mir nun die Postleitzahl des Herrn Müller.

In Wolkenkuckucksheim am Nebelgenerator.

Nur weil es den Ort nicht gibt, ist das doch noch lange kein Grund, dass er keine Postleitzahl hat.

Doch, da gibt es Beispiele für.

Doch, ich könnte Ihnen Dutzende Postleitzahlen sagen, zu denen es keinen Ort gibt.

Und das ist wahrscheinlich nur die Spitze des Eisbergs. Das meiste wird wie immer dem Volk verschwiegen.

Also schön, Sie wollen mir die Nummer nicht geben, dann lassen Sie es.

Nein, ich sage Ihnen die Anschrift nicht, das ist praktizierter Datenschutz, was geht es Sie schließlich an, wo der Herr Müller wohnt.

Gut, ich werde im Postleitzahlenverzeichnis nachsehen.

Ja, natürlich nur, wenn ich das gerade bei mir habe.

Nein, sonst nicht, sonst nehme ich die Ausgabe 1991.

Veraltet? Herr Müller ist ja auch nicht mehr ganz jung.

Na und? Unzulässig hin, unzulässig her, was soll ich denn machen?

Stellen Sie sich doch mal das Fräulein Mustermann vor. Mustermann, ja, das ist die Dame vom Personalausweis, die kennen Sie doch noch, oder?

Ja, und die ist im Urlaub, erinnert sich an einen alten Freund und will dem schreiben.

Nein, die ist ein bisschen schlampig, die Gute, die hat ihr Postleitzahlenverzeichnis nicht mit in die Toskana genommen.

Ist ja so groß und so schwer wie ein Telefonbuch.

Kennen Sie jemanden, der mit Telefonbuch verreist?

Na, so schlampig ist sie nun auch wieder nicht, sie will ja die richtige Nummer hinschreiben.

Sagen Sie, sind die Anrufe bei Ihnen eigentlich gebührenpflichtig?

Nun ja, das gäbe zu der Vermutung Anlass, dass die fünfstelligen Postleitzahlen erfunden worden sind, um die Telekom zu sanieren.

Nein, bei der Regulierungsbehörde will ich mich nicht beschweren.

Ich brauche auch die Postleitzahl der Regulierungsbehörde nicht.

Nein, nein, das lassen wir jetzt, ich will die Postleitzahl für die Mustermann nicht mehr herausfinden.

Nein, die wollte dem Müller eine Urlaubskarte schicken. Ich rufe jetzt den Müller an und sage ihm, dass er ihr eine Karte in die Toskana schickt, die italienische Post ist da weniger kompliziert.

Das Geschenk (Teil 1)

Für drei Personen

◆ *Es spielen mit:*
Angestellter
Kundin
Kunde

◆ *Spielanweisung:*
Im Büro der Finanzgruppe „Für sich errungen", Abteilung Versicherungen, Unterabteilung Kapital bildende Versicherungen. Der Angestellte sitzt am Schreibtisch; Unterlagen, Telefon, Besucherstühle.

Angestellter: *(das Telefon klingelt; der Angestellte spricht die Begrüßung wie ein Wort)* Finanzgruppe „Für sich errungen", Abteilung Versicherungen, Unterabteilung Kapital bildende Versicherungen, mein Name ist Müller, guten Tag, was kann ich für Sie tun?

Sehr schön, davon leben wir.

Wie? Ach so, Sie sagten doch gerade, dass Sie sich verunsichert fühlen. Da leisten wir Abhilfe, wir versichern Sie.

In diesem Fall versichern wir Sie unseres Mitgefühls während wir Ihnen versichern, dass Sie falsch versichert sind.

Daher kommt doch Ihre Verunsicherung. Sie sind nicht sicher, ob Sie unterversichert oder überversichert sind.

Und dann auch noch bei der falschen Versicherung. Ich empfehle Ihnen dringend die Finanzgruppe „Für sich errungen", Abteilung Versicherungen, Unterabteilung Kapital bildende Versicherungen.

Nein, nicht für Sie. Wir bilden Kapital aus Ihren Versicherungsbeiträgen.

Nein, für uns.

Natürlich ist das sinnvoll. Haben Sie Immobilienbesitz?

Dann wissen Sie, dass Sie ohne Eigenkapital keine Wohnung erwerben können, geschweige denn ein Bürohochhaus in Frankfurt.

Ihre Beiträge sind unser Kapital, mein Bester, und damit gut angelegt.

Wir sind hier schließlich keine Sozialstation, wir sind eine Versicherungsgesellschaft.

(Mann und Frau treten auf, sind von der Freundlichkeit des Angestellten während des noch folgenden Telefongesprächs sehr angetan)

Aber dafür sind wir doch da. Wir werden Sie gerne beraten und Ihre Verunsicherung wegen des Durcheinanders in Ihren privaten Versicherungen beheben. Wünschen Sie telefonische Beratung, soll ich einen Mitarbeiter vorbeischicken oder wollen Sie uns in den nächsten Tagen besuchen?

Selbstverständlich, Sie können jederzeit vorbeischauen. Auf Wiederhören. *(zu den Gästen)* Guten Tag, was kann ich für Sie tun?

Frau: Wir interessieren uns für eine Versicherung.

Angestellter: Nun, Sie sehen mich nicht sonderlich überrascht.

Mann: Ach, Sie haben schon mit so etwas gerechnet?

Frau: Aber Schatz, der Mann verkauft Versicherungen.

Angestellter: Eben.

Frau: Weil das sein Beruf ist.

Mann: Ach so, er hat nichts anderes gelernt.

Angestellter: Nein, äh, nun ja, also, das geht Sie nun wirklich nichts an, was ich gelernt habe und was nicht.

Mann: Das will ich nicht sagen. Wenn Sie mit uns ins Geschäft kommen wollen, dann erwarten wir durchaus den Nachweis Ihrer Sachkompetenz.

Frau: Die wird er haben, sonst säße er doch nicht hier.

Mann: Na schön. Also: Wie meine Frau bereits sagte, interessieren wir uns für eine Versicherung.

Angestellter: Ein klein wenig präziser müssten Sie da schon werden. An welche Art von Versicherung haben Sie denn gedacht?

Frau:	Was hätten Sie denn gerade im Angebot?
Angestellter:	Bitte?
Mann:	Angebot, na, Sie werden doch wohl irgendein Sonderangebot haben.
Angestellter:	Aber ich bitte Sie, Sie befinden sich hier nicht im Supermarkt.
Frau:	Na und?
Angestellter:	Versicherungen sind bei uns ohnehin schon so eng kalkuliert, dass keine Rabatte und Sonderangebote mehr möglich sind.
Mann:	Schade.
Frau:	Ja, wenn das so ist …
Angestellter:	Wir haben aber den Vergleich mit der Konkurrenz nicht zu fürchten.
Frau:	Ich glaube, wir gehen.
Mann:	Aber warum denn? Vielleicht hat er ja, doch etwas Passendes.
Angestellter:	Da bin ich ganz sicher. Welche Art von Versicherung schwebt Ihnen denn vor?
Frau:	Das ist eigentlich egal, es soll ein Geschenk sein.

Mann:	Aber nicht all zu teuer.
Angestellter:	Dann müssten Sie mir aber doch bitte verraten, welche Versicherungen der Beschenkte bereits hat.
Frau:	Das ist das Problem, der Mann hat schon alles.
Mann:	Eben, und deshalb suchen wir etwas Besonderes, irgendetwas, was andere nicht haben.
Angestellter:	Unsere Versicherungen sind weit verbreitet.
Frau:	Dann hat es keinen Zweck.
Angestellter:	Moment, Moment, so schnell sollten Sie nicht aufgeben. Vielleicht finden wir ja doch etwas. Wovor hat der Mann denn Angst?
Mann:	Also, eine Lebensversicherung hat er schon, wenn Sie das meinen.
Frau:	Unfallversicherung, Krankenversicherung, Invalidenversicherung, Pflegefallversicherung, Rentenversicherung, Arbeitslosenversicherung …
Angestellter:	Wie wäre es mit Glasbruch?
Mann:	Nun ja, also, Brillenträger ist er.
Frau:	Unsinn, Glasbruch hat er beim Hausrat zusatzversichert. Aber ich erinnere mich an den Herbst 98 (*oder jeweils zurückliegendes Wahljahr*).

Mann: Richtig, da saß er ganz gebannt vor dem Fernseher.

Frau: Schweißtropfen auf der Stirn.

Mann: Angstvoller Blick.

Angestellter: Und?

Frau: Er hatte Angst vor dem Wahlergebnis.

Mann: Das wäre was, wir schenken ihm eine Wahlergebnis-
                 versicherung.

Angestellter: Aber so etwas gibt es doch gar nicht.

Frau: Nicht? Dann ist das eine Marktlücke, überlegen Sie doch
                 mal, wie viele Menschen Angst vor Wahlergebnissen
                 haben.

Mann: Eben. Und was wäre das für ein Segen, wenn wir uns
                 1998 gegen das Wahlergebnis versichert hätten.

Angestellter: Und für welchen Schaden hätte die Versicherung dann
                 aufkommen sollen?

Frau: Ganz einfach, die Versicherung müsste die Ökosteuer
                 bezahlen.

Mann: Und den Beitrag zur privaten Rentenversicherung auch.

Angestellter: Das ist doch Unsinn, eine Versicherung, die eine
                 Versicherung bezahlt.

Frau:	Stimmt schon, das ist so was wie Versicherungsonanie, Versicherungen befriedigen sich selbst.
Mann:	Und so was gibt es auch schon, die Pflegeversicherung zahlt die Rentenversicherung der Pflegenden.
Angestellter:	Zugegeben, aber das ist kein gutes Beispiel. Es bezieht sich auf Pflichtversicherungen und die sind von Politikern erfunden worden.
Frau:	Ja, dann könnten Sie Recht haben, dass das Unsinn ist.
Mann:	Um es kurz zu machen, Sie wollen uns keine Wahlergebnisversicherung verkaufen?
Angestellter:	Ich kann nicht.
Frau:	Gut, dann hat sich das erledigt.
Mann:	Dann schenken wir ihm eben eine Aktie der Finanzgruppe „Für sich errungen", Abteilung Versicherungen, Unterabteilung Kapital bildende Versicherungen. Guten Tag.

Das Geschenk (Teil 2)

Für drei Personen

◆ *Es spielen mit:*
Angestellter (aus Teil 1)
Kundin (aus Teil 1)
Kunde (aus Teil 1)

◆ *Spielanweisung:*
Gleiches Büro wie im Teil 1

Angestellter: *(das Telefon klingelt)* Finanzgruppe „Für sich errungen", Abteilung Versicherungen, Unterabteilung Kapital bildende Versicherungen, mein Name ist Müller, guten Tag, was kann ich für Sie tun?

Oh, das ehrt uns, dass gerade Sie uns Ihre Sicherheit anvertrauen wollen.

Sehr schön, davon leben wir.

Na, Sie sagten doch gerade, dass Sie sich verunsichert fühlen. Da leisten wir Abhilfe, wir versichern Sie.

Nein, es gibt keine Wahlergebnisversicherung. Auch nicht für Sie, Herr Eichel, auch Sie müssen die Ökosteuer und die Beiträge für die private Rentenversicherung selbst bezahlen.

Doch, das ist in Ihrem Fall sogar gerecht, Sie sind doch selbst dafür zuständig, dass …

Ach, so meinen Sie das.

Verstehe ich Sie recht, Sie wollen nicht das Volk dagegen versichern, dass Sie gewinnen, sondern sich selbst dagegen, dass Sie verlieren. Das ist ja noch schlimmer.

Nein, da könnten wir Ihnen ja gleich die Rente ohne Gegenleistung bezahlen.

Doch, doch, doch, doch, ich kann mir gut vorstellen, welche Leistungen Sie von uns erwarten, wir sollen dann den ausgeschiedenen Abgeordneten eine Abfindung bezahlen und der Partei den entgangenen Gewinn aus der Wahlkostenerstattung erstatten. Das könnten wir uns nach dieser Wahl doch gar nicht leisten.

Nach der nächsten Wahl? Ja, das ginge vielleicht, Sie haben ja nicht mehr so viele Abgeordnete, die ausscheiden können.

(Mann und Frau treten auf)

Nein, Ihr Risiko ist nicht versicherbar.

Ich weiß selbst, wie viele Versicherungsgesellschaften es ungefähr in Deutschland gibt. In Europa?

Na gut, dann versuchen Sie es doch in Portugal, da könnten Sie Glück haben, da kennt man Sie nicht.

Nein, Herr Eichel, auf absehbare Zeit wird es bei uns keine Wahlergebnisversicherung geben, auf Wiederhören. *(zu den Gästen)* Guten Tag, was kann ich für Sie tun? Ach, Sie schon wieder.

Frau: Wir interessieren uns noch immer für eine Versicherung.

Mann: Die Idee einer Wahlergebnisversicherung und der Wunsch nach einer solchen scheint weiter verbreitet, als Sie dachten, oder sollte ich mich soeben verhört haben?

Frau: Aber Schatz, du bringst den Mann in Verlegenheit.

Angestellter: Aber gar nicht. Wir hatten bisher nur genau zwei Anfragen, die Ihre und die des Herrn Eichel. Beide haben genau entgegengesetzte Interessen.

Mann: Na und?

Angestellter: Daraus folgt, dass wir nach der Wahl entweder Ihnen oder Herrn Eichel gegenüber zur Leistung verpflichtet sind.

Frau: Das heißt, Sie müssten in jedem Fall zahlen?

Angestellter: Genau, zahlen müssten wir immer.

Mann: Und genau das Gegenteil ist Ihr Ziel, ich habe verstanden.

Angestellter: Nun, ganz so ist es ja wohl doch nicht. Ich kann mich an einen Fall erinnern …

Frau: Wo Sie zahlen mussten?

Angestellter: Ja.

Mann: Das muss kurz nach Inkrafttreten der Reichsversicherungsordnung gewesen sein.

Frau: Und wann war das?

Angestellter: Das ist schon sehr, sehr lange her.

Frau: Ich glaube, wir gehen.

Mann: Aber warum denn? Wir wollen doch die Versicherung verschenken, was macht es uns denn da aus, wenn nicht gezahlt wird?

Angestellter: Aber wir sind doch bereit zu zahlen.

Frau: So?

Angestellter: Selbstverständlich, wenn man uns die Leistungspflicht nachweist.

Frau: Das kann natürlich zu einem Problem werden, der Mann ist kein Anwalt.

Angestellter: Das ist schön, er wird uns ein lieber Kunde sein.

Mann: Das freut uns. Und diesmal haben wir auch schon eine Idee. Wir möchten den Mann gegen Irrglauben versichern.

Angestellter: Wogegen bitte?

Frau:	Gegen Irrglauben, der Mann glaubt an Gott.
Angestellter:	Das ist erstens sein Problem, und zweitens tue ich das auch.
Mann:	Und wenn es nun aber keinen Gott gibt?
Angestellter:	Hmm. Und für welchen Schaden hätte die Versicherung dann aufzukommen?
Frau:	Ganz einfach, die Versicherung hätte die in den Gottesdiensten vertane Zeit zu einem Stundensatz von, äh, sagen wir 20 Euro zu vergüten.
Mann:	Ja, nicht übertragbar und zahlbar nach seinem Ableben an die Erben.
Angestellter:	Schön, in diesem Ausnahmefall kann ich Ihnen vielleicht helfen. Es soll niemand behaupten können, die Finanzgruppe „Für sich errungen" sei nicht flexibel. Ich biete Ihnen die gewünschte Versicherung für einen Einmalbetrag von, äh, sagen wir eintausend Euro.
Frau:	In kleinen Scheinen?
Mann:	Aber nein, der Mann kommt doch ganz legal an unser Geld.
Angestellter:	Ich empfehle Ihnen aber trotzdem, jetzt sofort und in bar zu zahlen, erstens brauchen Sie dann eine Erhöhung der Versicherungssteuer nicht zu fürchten und zweitens sparen Sie die Überweisungsgebühr.

Mann:	Das klingt vernünftig, gut, wir kaufen die Versicherung. *(zählt 1000 Euro ab)* Hier sind die tausend Euro, die Sie mir bitte quittieren wollen.
Frau:	*(legt eine Visitenkarte auf den Schreibtisch)* Die Police schicken Sie dann an diese Anschrift.
Angestellter:	*(starrt fassungslos auf die Karte)*
Frau:	Ja, wir wollen dem Papst die Versicherung schenken.

(im Folgenden soll weder der christliche Glaube noch die Institution katholische Kirche angegriffen, sondern nur bewiesen werden, dass mit der letzten Forderung der Nachweis einer Leistungspflicht unmöglich wird)

Mann:	Haben Sie jetzt Angst, dass Sie die Versicherung teuer zu stehen kommt wegen der vielen, vielen Gottesdienststunden.
Angestellter:	Nein, äh, nein, das ist kein Problem.
Frau:	Gut, dann ist das erledigt. Jetzt müssen Sie uns nur noch sagen, wie die Erben an ihr Geld kommen.
Angestellter:	Die Erben müssen einen Erbschein vorlegen.
Mann:	Das ist alles?
Angestellter:	Natürlich nicht. Wir brauchen einen amtlichen Nachweis über die in Gottesdiensten verbrachten Stunden.

Frau: Das wird etwas aufwendig, ist aber zu schaffen.

Angestellter: Und dann wäre da natürlich noch eine Kleinigkeit: Der
                   Versicherungsnehmer muss uns nach seinem Ableben
                   natürlich beweisen, dass es keinen Gott gibt. *(steckt süf-*
                   fisant lächelnd das Geld ein)

Eines natürlichen Todes

Für zwei Personen

◆ *Es spielen mit:*
Bestatter
Kundin

◆ *Spielanweisung:*
In den Räumen eines Bestattungsunternehmens. Die Kundin betritt das Geschäft, sie trägt eine Handtasche, man hört die Türglocke, der Bestatter erscheint von hinten.

Bestatter: Guten Tag, was kann ich für Sie tun?

Kundin: Guten Tag, mein Mann lebt nicht mehr.

Bestatter: Oh, das tut mir Leid. Ich darf Ihnen mein aufrichtiges Beileid ausdrücken.

Kundin: Wieso tut Ihnen das Leid?

Bestatter: Na ja, wissen Sie, in meinem Beruf …

Kundin: Sie kannten meinen Mann doch gar nicht.

Bestatter: Da haben Sie natürlich Recht.

Kundin: Wenn es Ihnen Leid tut, wenn ein Mensch stirbt, den Sie noch nicht einmal kennen, dann sind Sie vermutlich als Bestattungsunternehmer kein guter Geschäftsmann.

Bestatter: Ja, nein, äh, ich meine trotzdem, auch ich freue mich selbstverständlich nicht, wenn ein Mensch stirbt, selbst wenn das mein Geschäft ist. Wie ist Ihr Herr Gemahl denn gestorben?

Kundin: Er starb eines natürlichen Todes.

Bestatter: Schön, dann wird die Bestattung einigermaßen unkompliziert.

Kundin: Das will ich nicht sagen, Sie hätten an ihm schon doch einiges zu richten. Er ist nämlich vom Dach gefallen, müssen Sie wissen.

Bestatter: Aber Sie sagten doch soeben, er starb eines natürlichen Todes.

Kundin: Für einen Dachdecker ist das ein natürlicher Tod.

Bestatter: Tja, wenn Sie das so sehen …

Kundin: So sehe ich das. Wenn Sie sich bitte beeilen würden.

Bestatter: Selbstverständlich. An welche Art von Bestattung haben Sie denn gedacht?

Kundin: Bitte? Welche Arten gibt es denn?

Bestatter: Sie können wählen, ob Ihr Herr Gemahl konventionell bestattet werden soll, oder Sie haben die Möglichkeit der Feuerbestattung. Und dann gibts auch noch die Beisetzung auf hoher See.

Kundin: Mein Mann ist Organspender.

Bestatter: Nun, das ist ein edler Zug von ihm, aber was hat das mit Ihrer Entscheidung zu tun?

Kundin: Man weiß doch noch gar nicht, was von ihm übrig bleibt. Vielleicht lohnt sich ja der Aufwand nicht mehr.

Bestatter: Mit Verlaub, meine Dame …

Kundin: Ja bitte?

Bestatter: Mir kommt Ihre Trauer, äh, wie soll ich mich ausdrücken, also, Ihre Trauer scheint mir ein wenig geschäftsmäßig zu sein.

Kundin: Oh, erwecke ich diesen Eindruck? Das tut mir Leid.

Bestatter: Das muss es nicht. Jeder Mensch reagiert anders auf einen solchen Schicksalsschlag.

Kundin: Ja, ich trauere innerlich, würden Sie bitte jetzt zur Sache kommen?

Bestatter: Mir scheint, Sie sind in Eile?

Kundin: Natürlich, bedenken Sie meine Lage.

Bestatter: Das ist mein Beruf.

Kundin: Dann werden Sie verstehen, dass ich einige Geschäfte rückgängig machen möchte.

Bestatter: Selbstverständlich.

Kundin: Schließlich habe ich Dinge angeschafft, für die ich nun keine Verwendung mehr habe.

Bestatter: Das ist der Lauf der Welt.

Kundin: Und die angenehmerweise unbenutzt bleiben konnten.

Bestatter: Wenn ich Ihnen dabei behilflich sein könnte?

Kundin: Das würden Sie für mich tun?

Bestatter: Selbstverständlich, Kundendienst ist unsere Stärke.

Kundin: Ich weiß nicht, ob ich Ihre Dienste diesbezüglich in Anspruch nehmen sollte.

Bestatter: Aber ich bitte Sie, mit meiner Diskretion können Sie natürlich rechnen.

Kundin: Na gut. *(zieht eine Pistole aus der Handtasche)* Ich wäre Ihnen dankbar, wenn Sie diese Pistole zurückgeben würden.

Die Gegenrechnung

Für vier Personen

◆ *Es spielen mit:*
Horst
Ivonne
Ein Hotelier (40 – 50 Jahre)
Sein Sohn (um die 20)

◆ *Spielanweisung:*
Hotelhalle. Horst und Ivonne mit leichtem Gepäck, der Hotelier steht an der Rezeption. Ivonne ist wie üblich aufreizend bekleidet.

Hotelier: *(geschäftsmäßig)* Sie wollen uns bereits wieder verlassen?

Ivonne: Ja, leider, mein Mann, Sie wissen ja …

Horst: Ja, mein Chef wartet nicht, die Arbeit ruft, wir müssen abreisen.

Ivonne: Ja, abreisen, leider.

Horst: Wenn Sie uns bitte die Rechnung geben würden.

Hotelier: Selbstverständlich, die Herrschaften, hier, bitte sehr.

Horst: *(sieht auf die Rechnung und zeigt dem Hotelier eine Stelle darauf)* Wie soll ich denn das hier verstehen, bitte?

Hotelier: Sie erlauben. *(rückt sich die Brille zurecht, nimmt die Rechnung, guckt drauf)* Ich sehe nichts Ungewöhnliches, mein Herr. Die Rechnung ist völlig in Ordnung.

Horst:	Darf ich Sie darauf hinweisen, dass wir Ihren Fernseher nicht benutzt haben?
Hotelier:	Es stand Ihnen völlig frei, Sie hätten ihn benutzen können.
Ivonne:	*(mit bezauberndem Augenaufschlag)* Haben wir aber nicht.
Hotelier:	Es wäre Ihnen aber möglich gewesen.
Ivonne:	*(bringt ihr reizendes Aussehen zur Geltung)* Es war meinem Mann nicht möglich, Ihren Fernseher zu benutzen, mein Herr.
Hotelier:	Wieso nicht? Wollen Sie damit sagen, dass unser Fernseher defekt ist?
Horst:	*(ungeduldig)* Keine Ahnung, es interessiert mich auch nicht.
Hotelier:	Dann muss ich darauf bestehen …
Ivonne:	Trotzdem, mein Mann konnte Ihren Fernseher nicht benutzen.
Hotelier:	Und warum nicht?
Ivonne:	*(dreht sich um sich selbst, damit der Hotelier einen Eindruck von ihr bekommt)* Hätten Sie die Möglichkeit, einen Fernseher zu benutzen, wenn ich bei Ihnen im Zimmer wäre?

Horst:	*(mit gespielter Empörung)* Ivonne, Schatz, das geht den Herrn nichts an.
Ivonne:	*(leicht überrascht)* Aber warum denn nicht, er guckt doch schon ganz interessiert.
Hotelier:	*(bemüht sich vergebens, nicht interessiert auf Ivonne zu gucken)* Da irren Sie sich, meine Dame, es interessiert mich überhaupt nicht, was meine Gäste in den Zimmern, äh, treiben.
Horst:	Ach, das interessiert Sie nicht?
Hotelier:	Selbstverständlich nicht, Berufsehre sozusagen.
Horst:	Dann ist es Ihnen auch völlig egal, ob wir Ihren Fernseher benutzt haben?
Hotelier:	In der Tat, so ist es.
Ivonne:	*(stellt sich wieder in Positur)* Und Sie wollen auch nicht wissen, warum mein Mann keine Chance hatte, an den Fernseher auch nur zu denken?
Hotelier:	Nein.
Ivonne:	*(gibt sich sehr selbstbewusst)* Weil mein Programm nämlich sämtliche Satelliten- und Kabelkanäle um Längen schlägt!
Hotelier:	*(möchte seine Erregung verbergen)* So Leid es mir tut, meine Dame, aber es darf mich nichts angehen.

Ivonne:	Wieso tut es ihnen denn Leid, dass es Sie nichts angehen darf? Sie würden wohl doch gerne wissen, welche Mittel *(deutet besagte Mittel dezent an, reizend aber nicht schamlos)* ich habe, meinen Mann abzulenken?
Horst:	Ivonne, bitte, es reicht. *(die Zurechtweisung klingt ernst gemeint)*
Ivonne:	*(dem eigenen Mann gegenüber eher kalt)* Nun gönne dem Mann doch seine Fantasien, du siehst doch, wie er schon guckt.
Hotelier:	*(ist nervös, muss sich zur Korrektheit zwingen)* Nein, nein, bitte, die Bereitstellung des Fernsehers kostet nun einmal fünfundzwanzig Euro pro Woche, ich kann da keine Ausnahme machen.
Ivonne:	*(die Stimme würde den Nordpol abschmelzen)* Auch nicht bei mir?
Hotelier:	Bei niemandem. *(die Glaubwürdigkeit der Aussage ist angeschlagen)*
Ivonne:	Das ist schade.
Hotelier:	*(bemüht sich krampfhaft um Korrektheit)* Sie hätten es sich für Ihr eheliches Pflichtprogramm angewöhnen sollen, dabei den Fernseher einzuschalten, dann hätten Sie ihn hier bei mir benutzen können.
Ivonne:	Dies ist unsere Hochzeitsreise, mein Lieber, das ist noch alles Kür.

Horst:	Und passt absolut nicht zum Fernsehen.
Ivonne:	*(sehr stolz)* Wir haben es nämlich noch lange nicht nötig, auf Wiederholungen zurückzugreifen.
Hotelier:	*(fühlt sich so unwohl, weil er sich so wohl fühlt)* Meine Herrschaften, bitte.
Ivonne:	Jedes neue Programm birgt neue Überraschungen.
Hotelier:	*(glaubt, sich in der Gewalt zu haben)* Fünfundzwanzig Euro, und keinen Cent weniger.
Ivonne:	*(zu Horst, geschäftsmäßig)* Er ist nicht weich zu kriegen.
Horst:	*(zu Ivonne)* Du versuchst ja auch seit geraumer Zeit das genaue Gegenteil.
Ivonne:	Aber sicher, Schatz, so sind die Männer. Um ihr Herz zu erweichen, muss man an anderer Stelle für Härte sorgen.
Horst:	Scheint bei unserem Gastgeber aber nicht zu klappen.
Hotelier:	*(wieder etwas gefasster)* Genau, die Herrschaften, darf ich dann um Bezahlung bitten.
Ivonne:	*(immer noch geschäftsmäßig)* Bezahle die Rechnung, Schatz. *(schreibt etwas auf ein Stück Papier, schiebt das Blatt dem Hotelier rüber. Horst bezahlt noch nicht)*
Hotelier:	*(liest)* Sind Sie wahnsinnig? Wie können Sie es wagen, mir eine derartige Rechnung …

Ivonne:	… „zu stellen", wollen Sie sagen? Aber das ist doch ganz normal.
Hotelier:	Das ist mir noch nicht untergekommen.
Ivonne:	Dann wird es aber Zeit, Sie versäumen sonst vielleicht etwas.
Hotelier:	Das hier ist ein anständiges Hotel.
Ivonne:	*(urplötzlich wieder sehr reizend)* Und wenn Sie nicht bald zugreifen, sind Sie am Ende zu alt dafür.
Hotelier:	*(gründlich abgekühlt)* Hinaus!
Ivonne:	*(hart)* Erst, wenn Sie bezahlt haben.
Hotelier:	Ich habe Sie nicht angerührt, also werde ich auch nicht zahlen.
Ivonne:	Ich stand Ihnen aber während unseres ganzen Aufenthalts in Ihrem Hotel zur Verfügung.
Hotelier:	Das ist doch gar nicht wahr.
Ivonne:	Das macht dann zweihundert pro Tag, wir waren eine Woche hier.
Hotelier:	Vierzehnhundert Euro? Sie sind total verrückt.
Ivonne:	Ich will mal nicht so sein. Was meinst du, Horst, sollen wir ihm Mengenrabatt geben?

Horst:	Ivonne, was soll das? Benimm dich gefälligst anständig.
Ivonne:	Ja, wir berechnen nur fünf Tage, macht tausend Euro. *(sieht den Hotelier abschätzend an)* Öfter als fünf Tage hätte er ohnehin nicht die Möglichkeit gehabt.
Hotelier:	Ich hatte überhaupt nicht die Möglichkeit, Ihr Mann hat Sie doch pausenlos bewacht.
Ivonne:	„In Beschlag genommen", heißt so was. Aber ich freue mich, dass Sie endlich zugeben, dass mein Mann keine Zeit hatte, den Fernseher zu benutzen.
Hotelier:	Stimmt, die hatte er nicht, aber …
Ivonne:	*(gespielt anrüchiges Verhalten, zum Hotelier)* Aber was, Schätzchen?
Hotelier:	*(gibt sich geschlagen, benimmt sich korrekt, als wäre nichts geschehen)* Nichts, nichts, da Sie nachweisen konnten, dass Sie den Fernseher gar nicht verwenden konnten, ziehe ich den Betrag *(korrigiert die Rechnung)* selbstverständlich von der Rechnung ab.
Horst:	Na also, warum nicht gleich so? *(nimmt die Rechnung und kontrolliert sie, spricht dabei wie beiläufig mit Ivonne)* Ivonne, Liebling, ich habe manchmal den Verdacht, dass deine Treue nicht hundertprozentig ist.
Ivonne:	Aber Horst.
Horst:	So, wie du mit dem Hotelier gesprochen hast …

Ivonne:	Horst, du bist ja eifersüchtig.
Horst:	Habe ich etwa keinen Grund dazu?
Ivonne:	Aber natürlich nicht, du Dummchen.
Hotelier:	Mit anderen Worten: Sie standen mir nicht zur Verfügung?
Ivonne:	Natürlich nicht, das ist hier doch ein anständiges Hotel.
Hotelier:	Und die Rechnung war nicht ernst gemeint?
Ivonne:	Nein, das war natürlich nur Spaß.
Horst:	Dafür stimmt Ihre Rechnung nun. Ich werde sie zahlen. *(tut es und spricht zu Ivonne)* Und ich freue mich, dass du so lieb und so treu bist, Liebling. Du wirst mich doch nie betrügen, oder?
Ivonne:	Aber Mausilein, was für eine Frage so kurz nach unserer Hochzeit.
Sohn:	*(betritt die Bühne, findet zufällig die Rechnung von Ivonne, liest sie, wendet sich dann mit strahlenden Augen bewundernd Ivonne zu)* Donnerwetter, billig sind Sie ja nicht gerade.
Ivonne:	Danke, junger Mann.
Sohn:	*(zu seinem Vater)* Aber sie ist es wert, Zentimeter für Zentimeter.

Rembert von Samson
Reden für familiäre Anlässe
Mit Praxistipps und Rednerschule
144 Seiten, kartoniert
ISBN 3-8068-2759-1

Taufe, Hochzeit, runder Geburtstag, bestandene Prüfung oder Einzug ins neue Eigenheim – für Reden gibt es viele Anlässe. Mal sollen sie erheiternd sein, mal feierlich oder einfühlsam. Dieser Ratgeber bietet eine reiche Auswahl von Musterreden und gibt außerdem kurze und prägnante Tipps zur Vorbereitung.

Thomas Wieke
Kreativ schreiben: Gedichte
Eine praktische Vers- und Reimschule
Mit Reimlexikon
160 Seiten, kartoniert
ISBN 3-8068-2700-1

Die neue FALKEN Vers- und Reimschule hilft Gelegenheitsdichtern auf die Sprünge: mit einer Verslehre, mit schönen klassischen und modernen Beispielen, mit Anleitungen zur Ideenfindung und mit Übungen, die von Anfang an zu Resultaten führen.

Olaf Fuhrmann
Glückwunsch!
Texte und Ideen für alle privaten Anlässe
Mit Bastel- und Geschenkideen
Kurze Glückwünsche für Mail & Co.
160 Seiten, kartoniert
ISBN 3-8068-2758-3

Glückwünsche sind Herzenswünsche: Dieses Buch hilft, für den Glückwunsch die richtigen Worte zu finden. Es ist voller Anregungen und Anleitungen – in Prosa und Versform, als Rätsel oder in Kombination mit einer Geschenkidee, ob auf Papier oder per Mail. Eine wahre Fundgrube.

René und Lennart Zey
SMS Love Messages
80 Seiten, kartoniert
ISBN 3-635-60719-3

Das SMS-Fieber grassiert, vor allem unter Verliebten. Mit den Kurzbotschaften per Handy kann man in Sekundenschnelle für Küsse danken, an das letzte Date erinnern oder um Verzeihung bitten. Allen, denen die passenden Worte fehlen, liefert dieses Buch eine Riesenauswahl an Ideen und Anregungen. Es verrät Kniffe und Tricks und informiert über kostenlose SMS-Dienste.

Andy Haller, Jutta Gross
Internet-Guide für Frauen
Mode, Beauty, Shopping, Lifestyle, Kunst & Kultur, Kreatives
120 Seiten, Broschur
ISBN 3-8068-2844-X

Ob shoppen oder chatten, berufliche Weiterbildung oder den nächsten Urlaub planen – das Internet macht's möglich. Wo? Das verrät dieser Pocket-Guide. Hier findet frau, was sie braucht, um sich im Netz wohlzufühlen: die besten Adressen, interessante Anlaufstellen und eine praktische Übersicht zum Auffinden wichtiger Inhalte im Web.

Andy Haller
Perfekte Reden für Gastgeber
128 Seiten, kartoniert
ISBN 3-8068-5502-1

Reden lernen: Dieses Praxisbuch hilft, mit Musterreden, Textbausteinen und Zitaten die richtigen Worte für Freunde oder Geschäftspartner zu finden. Ein paar launige oder gediegen-seriöse, in jedem Fall passende Worte tragen zum Gelingen jedes Festes bei.

FALKEN